漢籍合璧 總編纂 鄭傑文

漢籍合璧精華編 主編 王承略 聶濟冬

孔子家語正印

［明］顧錫疇　注

［明］孔貞運　評

楊潔　整理

漢籍合璧精華編

國家重點文化工程 "全球漢籍合璧工程" 成果

山東省中華優秀傳統文化傳承發展工程重點項目

前　言

　　中華優秀傳統文化是中華民族寶貴的精神財富。古籍是中華優秀傳統文化的載體，凝聚了古人的智慧，承載了中華民族在人類發展史上的貢獻。古籍整理，是一種傳承、發展中華優秀傳統文化精髓的基礎研究，是一項事關賡續中華文脈、弘揚民族精神、建設文化強國、助力民族復興的重要工作。古籍整理研究雖面對古籍，但要立足當下，把握時代脈搏，將傳統與現實緊密結合，激活古籍的生命力，推動中華文明創造性轉化和創新性發展。

　　山東大學向來以文史見長，在古籍整理研究方面成就斐然。從 2010 年開始，承擔了國家社科基金重大委托項目"子海整理與研究"，遴選先秦至清代的子部書籍中的精華部分進行影印複製和整理研究，已取得了豐碩的成果。自 2018 年始，山東大學在已有的古籍整理成功經驗的基礎上，又承擔了國家重點文化工程——"全球漢籍合璧工程"，主要是對海外存藏的珍本古籍複製影印和整理研究，旨在爲海內外從事古代文、史、哲、藝術、科技專業研究的學者提供新的資料和可信、可靠的研究文本。"漢籍合璧工程"共有四個組成部分，即"目録編、珍本編""精華編""研究編"和數據庫。其中，"精華編"是對海外存藏、國內缺藏且有學術價值的珍本古籍進行規範的整理研究。在課題設計上，進行了充分的調查分析和清晰定位，防止低水準重複。從選題、整理、編輯各環節中，始終堅持精品意識，嚴格把握學術品質。"漢籍合璧精華編"的整理研究團隊由近 150 人組成，集合了海內外 30 多所高校和研究機構的古文獻研究者，整理研究力量較爲强大。我們力求整理成果具有資料性、學術性、研究性、高品質的學術特色，以期能爲海內外學者和文史愛好者提供堅實的、方便閲讀的整理文本。

　　"漢籍合璧精華編"採用五次校審、遞進推動的管理模式。一、整理者提交文稿後，初審全稿。編纂團隊根據書稿的完成情況，判斷書稿的整體整理質量，做出退改或進入下一步編輯程序的判斷。二、通校全稿。進入編輯程序的書稿，編纂團隊調整格式，規範文字，初步挑出校點中顯見的不妥之處。三、匿名評審。聘請資深專家通審全稿，全面進行學術把關，盡力消滅硬傷，寫出詳盡的審稿意見。四、修改文稿。專家審稿意見及時反饋給整理者，整理者根據審稿意見修改，完成新文稿。五、終審文稿。待新文稿返回後，主編作最後的質量把關。五步程序完成後，將文稿交付出版社。出版社同樣進行嚴格的審稿、出版程序。

　　五次校審的目的是爲了保證學術質量，提高整理水準，減少訛誤和硬傷。但校書如掃塵埃落葉，"漢籍合璧精華編"儘管經多道程序嚴加把關，仍難免有錯，懇請方家不吝指教。"漢籍合璧精華編"編纂團隊將及時總結經驗，吸取教訓，把工作做得更好，以實現課題設計的初衷。

目　　録

整　理　説　明

　　《鼎鍥二翰林校正句解評釋孔子家語正印》（以下簡稱《孔子家語正印》）是一部明代産生的《孔子家語》的重要注評本，日本内閣文庫藏明天啓三年（1623）怡慶堂余完初刻本，2017 年收入《子海珍本編》影印出版。經核查，不見於《中國古籍善本書目》，應是孤本秘笈，極爲珍貴。《孔子家語正印》由明代翰林院編修文震孟作序，禮部尚書顧錫疇注釋，翰林院編修孔貞運評論。全書正文共三卷四十四篇（自《相魯第一》至《弟子解四十四》），正文之前有文震孟所撰《家語正印敘》，二十幅反映孔子生平重大事件的版畫，及"先聖世系""先聖履歷"等五篇。正文在《孔子家語》原文基礎上，用雙行小字進行詳細的句解注釋，同時文本上方對應原句處有評述。該版本正文順暢通達，注釋細緻豐富，評論精到深刻，刻印清晰精美。刊版者怡慶堂，萬曆、天啓間刻書多種，當爲建陽地方書坊。

一、作者生平和主要著述

　　該刻本序文作者、注評者的學術思想和政治背景都具有極高的研究價值。注者顧錫疇，出身昆山望族，才名早揚。評者孔貞運是孔子第六十三代孫，萬曆四十七年（1619）登己未科殿試一甲第二名，賜進士及第，授翰林院編修。序文作者文震孟爲文天祥後裔，文徵明曾孫，博通經史，天啓二年（1622）狀元及第，授翰林院修撰。顧錫疇和孔貞運爲萬曆四十七年同榜進士，孔貞運和文震孟都是翰林院編修。三人同在萬曆、天啓、崇禎朝做官，忠心耿耿、剛直不阿、不畏權勢，反對魏忠賢亂黨，不與佞臣同流合污。他們的序文、注釋、評語中帶有一定的時代觀念，滲透了正直忠義思想，具有極高的思想價值和學術研究價值。

（一）注釋者顧錫疇

　　顧錫疇，字九疇，號瑞屏，昆山（今江蘇昆山）人。顧錫疇出身望族，從小受到良好教育，12 歲成爲諸生，文采斐然，所作試文在當地頗有名氣，有"神童"之稱。宰相申時行對他特別器重，將自己的長孫女許配給他，可惜申氏早卒。萬曆四十七年(1619)，顧錫疇考中進士，授庶吉士，泰昌元年(1620)告假回鄉。天啓三年(1623)赴補，次年授檢討。

顧錫疇爲人剛直不阿，嫉惡如仇，正義凜然。天啓四年，太監魏忠賢正權勢滔天。顧錫疇對閹黨所作所爲十分不滿，但苦於没有機會表達。不久被派任福建鄉試主考官，他終於一抒憤懣，所出試題第三題爲"無君無父"，明顯是譏諷斥責魏忠賢之語。策問首題以"人之貴賤"爲問，並説："色授氣使者爲甚賤，不可昵。"等到程策，又説："朱紫雜遝於貂璫，金組虣奕於婦寺。"當朝宰輔顧秉謙是昆山人，與顧錫疇是同族，想拉攏他，但顧錫疇没有答應，因此得罪了魏忠賢、顧秉謙。不久顧錫疇被指爲東林黨，受到責罰，天啓五年遭到降調，次年又被削籍而回鄉。

崇禎初年，朝廷召用之前遭魏黨譴逐的官員，顧錫疇被重新任用，升任贊善，制敕中稱"閹氛火烈，黨錮飆興，愚夫首濡，智者舌嚅。爾獨義形於色，情見乎詞，應簡宮僚，以風百爾"，可見其當時名聲。後顧錫疇任諭德、國子監祭酒等職。《明史》卷二一六記載，他上疏皇帝，請求"復積分法，禮官格不行"；並請求挑選優秀的監生擔任州縣長等職，以優化官吏隊伍；又請正從祀位次，進士爲國子博士者得與考選，這些建議均獲皇帝應允。後顧錫疇因奉養父母請歸，與其父優游於太湖邊的光福鄧尉山中，有時迎養於昆山，在昆山建"樂彼園"，游賞山水六載。顧錫疇母親去世，除服後被擢升爲少詹事，未到任，又升任爲詹事。

崇禎末年，國家處於風雨飄搖中，李自成領導的農民起義如火如荼。顧錫疇父親促令他爲國效力。顧錫疇進京，皇帝親自召見，他當即獻上疏奏《臨德練兵》，被認爲"切中時務"。皇帝對他十分重視，拜爲禮部左侍郎，署尚書事，掌管"東宮出閣諸儀"。針對當時朝政，崇禎帝詢問理財用人事宜，顧錫疇認爲朝廷用人不妥，指出"五失"，即："銓敘無法、文網太峻、議論太多、資格太拘、鼓舞未至。"①認爲首要之事是不拘一格地使用人才，提出用人"五善"，即："精心鑑別，隨才器使，一善也；赦小過，而不終廢棄，二善也；省議論，而專責成，三善

---

① 《明史》卷二一六，《四庫全書》本。

也；拔異才，而不拘常格，四善也；急獎勵，而寬督責，五善也。"①奏章最後極力陳説消耗資財之弊，認爲歸根結底還是由於用人出現問題。這些主張得到了皇帝的認可和肯定。

當時，農民起義仍然呈燎原之勢，朝臣意見出現了分歧。楊嗣昌主張采用安撫政策，上疏《論流寇宜撫不宜剿》，疏中有"樂天者保天下"及"善戰服上刑"等語。顧錫疇不予認同，認爲"稱引不倫"，從此與楊嗣昌産生矛盾。當時，許多大臣對執政不滿，上奏攻擊，楊嗣昌疑心是顧錫疇暗中指使。不久，楊嗣昌"以母服奪情入"，顧錫疇鼓動何楷、黃道周等連續上疏彈劾，楊嗣昌最終被削職爲民。恰好駙馬都尉王昺有罪，顧錫疇擬輕典，楊嗣昌加以構陷，顧錫疇被削掉官籍。崇禎十五年，廷臣推薦顧錫疇復任，皇帝將他召還。御史曹溶、給事中黃雲師認爲不當用，皇帝依然任命顧錫疇爲南京禮部左侍郎。

南明福王時，顧錫疇遷禮部尚書，在禮制方面明辨是非。有人尊福恭王爲恭皇帝，想立宗廟祭祀，顧錫疇認爲不合適，請別立專廟。他又提出補建文帝廟謚、景皇帝廟號及爲建文朝忠臣贈謚。皇帝聽從建議，顧錫疇的學養和才能得到了充分展現。當時還有幾件事也充分表明了他深厚的儒家學養和深明大義、剛直不阿的精神，其中一件是溫體仁翻案事件。有執政者要爲前大學士溫體仁的黨魁罪翻案，溫體仁是崇禎年間任期最長的首輔，受崇禎帝朱由檢寵信，驕横專制。溫體仁死後，特謚文忠，而文震孟、羅喻義、姚希孟、吕維祺等人都没有加封謚號。顧錫疇認爲不妥，堅決不同意，他"仰天椎心，歎事不可爲"，認爲"體仁得君，行政最專且久，其負先帝，罪大且深，乞將文忠之謚，或削或改，而補震孟諸臣，庶天下有所勸懲"。②要求削改溫體仁謚號，給文震孟、羅喻義、姚希孟、吕維祺等人加謚號，這一觀點得到認可。吏部尚書張慎言卸任，新任尚書徐石麒暫未到任，顧錫疇代理尚書一職。當時馬士英任内閣首輔，與顧錫疇不合。在給事中章正宸、熊汝霖彈劾下，顧錫疇乞祭南海去。第二年春天，御史張孫振追念溫體仁功績，力主恢復溫體仁謚號，顧錫疇辭官歸鄉，"祀海以歸，不復出"。不久，金陵（今南京）失守，顧錫疇家鄉也被攻破，顧父病逝。承受國事和家事的雙重打擊，他"泣血披麻"，痛苦不已。

唐王隆武時，顧錫疇拜東閣大學士，後加督師銜，他力辭不受，借住溫州江

---

①② 　《明史》卷二一六，《四庫全書》本。

心寺。此時仍然不改嫉惡如仇、剛直不阿的秉性，不忘伸張正義，因此得罪了惡人。浙江總兵賀君堯卑劣異常，在溫州與督學相互勾結，貪污例銀供餉，鞭撻淩辱士子。諸生表示不滿，賀君堯竟然"執而殺之"。諸生奔到顧錫疇處控訴，顧錫疇聽後非常憤怒，上疏彈劾，要求懲治賀君堯。賀君堯懷恨在心，尋機報復。這年農曆五月十六日夜晚，賀君堯派遣殺手翻牆潛入寓所，暗殺了顧錫疇，屍體投入江中。顧錫疇爲伸張正義慘遭殺害，在溫州引起了很大轟動，全城百姓紛紛自發尋找，三天後終於將屍體找到，"棺殮寺中，馳報其家，迎以歸"。爲了紀念他，溫州百姓勒碑文於信國祠。顧錫疇著述有《綱鑑正史約》三十六卷、《秦漢鴻文》二十五卷、《尚書講義》《天文易學》《古學匯纂》《握日草》《文匯稿》等。

顧錫疇去世後，南明唐王十分痛心，追贈他爲建極殿大學士。《吳郡五百名賢傳贊》稱讚他："用人理財，維國之寶；荊棘滿朝，不容勁草。"清朝乾隆四十一年（1776）朝廷追諡顧錫疇"節湣"，並崇祀忠義、鄉賢、名賢、黄門、文康等祠。清康熙《昆山縣志稿》卷十五《名臣》也記述了他的高潔品格和事蹟。《昆山縣志稿》載："忠孝植心，恂恂温雅，與人居謙恭自下，常若不足，而嚴氣正性屹不可動。自爲諸生，上書宰執，風裁凜然。服官以後，忤大璫，忤權貴，再遭竄逐，不愧厥心。然皆自植名節，行其孤介於黨同伐異、名位相傾之際，又所深恥，每以中立爲同鄉同籍所快快，終不易其所守也。"

（二）評論者孔貞運

評論者孔貞運（1574—1644），字開仲，號玉橫，句容（今江蘇句容）人，一說建德（今安徽東至）人，祖籍山東曲阜，是孔子第六十三代孫。孔貞運少時勤奮好學，青年時代參加科舉一直失意，至三十七歲，在萬曆四十年（1612）以句容客籍參加應天鄉試中舉。萬曆四十七年登己未科殿試一甲第二名（榜眼），賜進士及第，授翰林院編修。泰昌元年（1620），與長兄孔貞時纂修《神宗實錄》和《六朝奏章》。熹宗時孔貞運又纂修《光宗實錄》。所編纂實錄、奏章豐富翔實，酌古準今，適合時代之用。天啓五年（1625），充任會試考試官。天啓七年，遷左春坊左諭德。未久，擔任日講起居注官，負責記載編纂皇帝的言行。

天啓年間，魏忠賢把持朝政，結黨營私，陷害忠良。朝臣多畏懼魏忠賢的淫威，向魏忠賢屈服，但孔貞運絲毫不畏權勢，堅持不與魏忠賢往來。崇禎元年（1628），孔貞運任國子監祭酒，升詹事，兼任侍讀掌坊事，陪皇帝讀書論學，講授儒家學說。他向皇帝朱由檢進講《皇明寶訓》,稱述祖宗勤政講學之事,又及先祖寬厚仁德、勤於政務,意指熹宗朱由校朝政疏忽,有違祖典,向崇禎帝提出勤政愛民的治國方略,忠言敢諫,直言不諱。崇禎帝對他稱許有加,採納了一些建議,清除了禍國殃民的魏忠賢党羽。崇禎二年正月,孔貞運進講《書經》,崇禎帝受益匪淺,龍顏大悦;又由於孔貞運是至聖先師孔子後裔,于是賜孔貞運一品朝服,並賞賜自己佩戴的龍紋玉帶板。

崇禎三年(1630)貞運父病卒,孔貞運回鄉守喪。崇禎六年復職,拜南京禮部侍郎。在此期間,孔貞運整理舊典,禁止淫祠。南都有石觀音庵,婦人求嗣者絡繹不絶,孔貞運下令毀之,用拆除下來的木石修復海忠介公祠,世人稱道。崇禎八年改爲吏部左侍郎,管右侍郎事,兼翰林院侍讀學士,仍充經筵講官,進講《春秋》。崇禎九年,與賀逢聖、黃士俊並入内閣,官至禮部尚書兼文淵閣大學士,不久又加封太子太保。時温體仁任首輔,圖謀起用魏忠賢舊黨,嚴懲復社成員。孔貞運在閹黨專權的形勢下,只能委曲求全,甚至“依違”其間,但堅持不與閹黨同流合污。他“隱忍求濟”,利用自己的身份和皇帝的信任,在皇帝面前進良言,講實情,規勸崇禎帝對復社文人從寬對待。由於温體仁作惡太多,終遭朝野口誅筆伐,崇禎十年被革職。崇禎末年,孔貞運憂勞成疾,辭官歸鄉。明朝滅亡,孔貞運哀痛不已,不久病故,謚號文忠,其生平《明史》有傳。孔貞運著有《光宗實録》《熹宗實録》《詞林會典》《皇明詔制》《制誥全書》《敬事草》《行餘草》《古今奇文品勝》《節寰袁公墓誌銘》等。

(三) 序文作者文震孟

文震孟,字文起,别號湛持,長洲(今屬江蘇蘇州)人。生於萬曆二年(1574),出身於著名的書香門第。文震孟先祖是南宋名臣文天祥,曾祖是明代著名書畫家、文學家文徵明。祖父是國子監博士、以書畫著名的文彭。父親文元發,官至衛輝(今河南衛輝)同知,以文才在當時負有盛名。叔祖父文嘉,曾擔任和州(今安徽和縣)學正,也擅長詩、書、畫,名聞海内。

文震孟少年好學,擅長詩文,博通經史,于《春秋》用功頗多,功力深厚。他爲人剛正,品行高潔,承繼家風,年紀不大便以文才、品行聞名天下。遺憾的是科舉不順,多次會試失利。萬曆二十二年(1594),文震孟考中鄉試,成爲舉人,但在後來的會試中多次落敗,屢遭打擊。文震孟並不氣餒,終在天啓二年(1622)一舉奪魁,成爲明代第八十二位狀元,授翰林院修撰。

　　文震孟憤于魏黨鉗制言論，上《勤政講學疏》，“勤政講學之實，謂君臣相對如家人父子，則左右近習無緣可以蒙蔽”，指斥魏黨“空人國”“逐名賢”①。魏忠賢懷恨在心，乘機報復，借皇帝觀劇之機，指摘文震孟奏疏中的“傀儡登場”之語，是把皇上比作木偶。不久文震孟被廷杖八十，貶謫出京。諸臣紛紛上疏求情，明熹宗不爲所動，置之不理。文震孟被貶外調，氣憤之下歸鄉謝客，不再參與世事。

　　明思宗即位，魏黨遭鏟除，文震孟得到平反。崇禎元年（1628）以侍讀召，改左中允，充日講官。他善於運用儒家經典規勸帝王，幫助帝王樹立仁政愛民思想，糾正錯誤做法。文震孟爲人剛直不阿，連天子也敬畏他。賢臣遭關押，他借《魯論》“君使臣以禮”一章諷諫，皇帝領悟後馬上釋放了因小錯而被關押的刑部尚書喬允升、侍郎胡世賞。一次進講《尚書》中的《五子之歌》，思宗將脚擱在膝上，文震孟誦至“爲人上者，奈何不敬”，兩眼凝視皇帝的脚，思宗忙用袖子掩住，慢慢把脚放下。從這兩件小事可以看出文震孟爲人剛直，治學嚴謹，直言敢諫的精神。

　　崇禎三年（1630）邊境告急，魏忠賢遺黨、吏部尚書王永光借機薦舉同黨呂純如等人，企圖爲閹黨翻案。文震孟兩次上疏彈劾，力陳王永光“群小合謀，欲借邊才翻逆案。天下有無才誤事之君子，必無懷忠報國之小人”②。思宗不辨是非，竟然下詔安慰王永光而責斥文震孟肆意詆毀。文震孟辭官歸鄉，退隱田園。崇禎五年，文震孟在家被擢爲右庶子，重新赴任，未久進少詹事。他忠心不改，剛直敢諫，又上疏請求修正被魏黨篡改的《光宗實錄》，受到當時的權相溫體仁、王應熊阻撓。

　　崇禎八年（1635）正月，闖王李自成攻占安徽鳳陽，搗毀皇陵，舉朝震驚。震孟借機歷陳致亂之源，七月被擢爲禮部左侍郎兼東閣大學士，入閣參預機務政事。思宗覽閱文震孟的奏章，並未照辦，而文震孟卻因此得罪了内閣首輔溫體仁。不久被溫體仁彈劾排擠，落職歸家。歸家半年，因外甥姚希孟之死，過度悲傷去世，享年六十三歲。崇禎十二年，朝廷下詔恢復文震孟官位，崇禎十五年追贈他爲禮部尚書，南明福王追諡他爲“文肅”。

―――――――――――

① （清）陳鼎《文震孟姚西孟列傳》，《東林列傳》卷二三，《四庫全書》本。
② 《明史》卷二五一，《四庫全書》本。

　　文震孟繼承了優良家風傳統,書法造詣深厚,幾乎可與曾祖文徵明媲美,"書迹遍天下,一時碑牒署額,與待詔(文徵明)埒"。其著述主要有《念陽徐公定蜀記》《剃茶説》《策書圓記》《姑蘇名賢小記》《文肅公日記》《文文起詩》《藥園全集》等,《明史》有傳。

二、明代《孔子家語》著作與時代思想

　　明代出現了一批《孔子家語》著作,體現了時人對此書的重視。絶大多數學者認爲《孔子家語》承載了孔子的思想和精神,具有極大價值,並非僞書。這一認定反映了《孔子家語》在明代思想界的作用和地位。"從唐至明,以《孔子家語》爲'僞'的人並不算多。"①明黄魯曾覆宋本《孔子家語》"後序"曰:"孔氏獨多述作,自《魯論》《齊論》言之,又有《家語》,疑多鯉、伋所記,並門人先後雜附之者。要之,咸孔子之意也。"②即認爲《孔子家語》與《魯論》《齊論》一樣,均出自孔子之手,雖然夾雜了後人的一些論述,但其核心的思想精神則全部出自孔子本人。明陳際泰在其《新刻注釋孔子家語憲》中,也認爲《孔子家語》並非僞書,肯定了《孔子家語》爲孔子思想的體現。《新刻注釋孔子家語憲》之《家語憲敘》載:"每觀都人士童而習之,輒謂《家語》平平無奇。豈知中有所記載,悉孔氏當年家政,毋論禮樂車書,昭然素王大法。……告諸天下,共爲明憲云。"③認爲《孔子家語》是"孔氏當年家政""昭然素王大法",記載了孔子事迹,鮮明體現了孔子思想,這些行爲和思想可爲萬世典範和法度,因此要"告諸天下,共爲明憲",因而書名即《孔子家語憲》。也有明代學者對《孔子家語》提出疑義,明代何孟春在其補注的《孔子家語》中認爲"孔安國序"係王肅僞造,但他並不認爲正文係僞造,也是肯定了《孔子家語》的意義和價值。

　　明代人對《孔子家語》的肯定態度,從刊本數量也可看出。隨着出版業的發展,《孔子家語》的版本和刊刻數量也日益增多,如果在明代是公認的僞書,價值不大,那麼肯定沒有如此多的版本及刊刻數量。對於《孔子家語》的真僞情況,明代人所持觀念十分通達,他們不執着於沒有確切依據、難以確知的真僞問題,而是着重從内涵、意義、價值等方面進行理性判斷。萬曆年間吳嘉謨

---

①　楊朝明、宋立林《孔子家語通解》,齊魯書社,2013 年版,第 24 頁。

②　(明)黄魯曾覆宋本《孔子家語·後序》,《四部叢刊》第 55 册,上海書店,1989 年版。

③　(明)陳際泰《孔子家語憲敘》,《新刻注釋孔子家語憲》卷四,《四庫全書》本。

集校的《孔子家語圖》，序文認爲《孔子家語》“未必無裨於聖教之萬一也”，即是說只要有益於“聖教之萬一”，那些“僭”“誣”“謬”的説法，又有什麽影響呢？肯定了《孔子家語》“裨於聖教”的價值，即使有人提出不同意見，也並不妨害《孔子家語》發揮其裨補儒學道統、匡世救弊之義。這裏吳嘉謨沒有臆測推斷，也不妄下斷言，而是從價值入手加以肯定，體現出了通脱靈活、務實科學的態度。

《孔子家語》思想適應了明代尤其是明中後期革除政治弊端、重建上層政治的需要，符合明末清初“從理學入經學”的時代思潮。

首先，《孔子家語》提出的政治觀念有利於革除明代尤其是中後期社會政治的弊端，符合上層政治建設的需要。《孔子家語》通過記述孔子言行，反映了多方面的道德觀念、政治理想，如“王言解第三”提出政治教化思想“内脩七教，外行三至”。“七教”指“上敬老則下益孝，上尊齒則下益悌，上樂施則下益寬，上親賢則下擇友，上好德則下不隱，上惡貪則下恥爭，上廉讓則下恥節”，其實質是帝王的有德之行對百姓產生的積極影響。原文採用了對比論證的方法，評語又一針見血地指出：“上者，下之表極也。惟皇建極，斯民歸極矣。”揭示了孔子對掌權者提出的要以身作則、樹立道德榜樣的政治教化要求。通過由上而下的内修“七教”，以達到“至禮不讓而天下治，至賞不費而天下士悦，至樂無聲而天下民和”的“三至”理想境界。《孔子家語》中的政治思想，是挽救明朝政治腐敗和社會危亡的靈丹妙藥。對比明代尤其是明中後期的帝王荒淫、朝政衰敗、慵懶怠政、奸佞當道、搜刮百姓、賣官鬻爵等社會現實，“親賢”“好德”“廉讓”“惡貪”等觀念正好可以發揮巨大作用，是對帝王和統治上層的最佳勸諫，“天下治”“天下士悦”“天下民和”的目標，是時代和人民期盼的理想狀態。

《孔子家語》還樹立了儒者的德行標準。“儒行解第五”提出了儒者所需尊奉的道德規範有“自立”“容貌”“近人情”“剛毅”“憂思”“尊讓”等，展示了高尚士人的行爲標準和價值取向，樹立了具有堅守仁義、中立不倚、親賢薦能等崇高人格的儒者形象。對比明代社會的淫邪奸佞者，有爲巴結魏忠賢而爲其建生祠的宵小之人，也有“五虎”“五彪”“十狗”“十孩”等爲虎作倀之人，他們失去了仁義正直之气，泯滅了廉恥良心，因而《孔子家語》樹立的德行標準在明代社會具有極高價值。“問禮第六”“三恕第九”等篇章還論述了禮的重要性，包蘊了丰富的治理社會、管理民衆思想，這些都對明末紛亂的社會、腐朽的政治具有極大裨益。

其次，《孔子家語》的刊刻，符合明末清初"從理學入經學"的時代思潮。明晚期的萬曆、天啓年間出現了較多較好的《孔子家語》版本，這和時代思潮密切相關。程朱理學在明代思想史上占有統治地位，其發展大致分爲三個階段：明初爲統治思想階段，明中期爲王陽明心學興起及廣泛傳播階段，及明末的總結反思階段。明初，太祖朱元璋非常看重程朱理學的重要作用，劉基、宋濂等大臣是理學家，他們與朱元璋辨理論道，以程朱理學論定禮法、創立規矩，奠定了明代思想文化的底色。明成祖朱棣統治時期，大臣解縉等人經常以理學進講、入對，甚至君臣唱和，繼續鞏固發展了程朱理學的思想地位。永樂年間，朱棣命翰林院學士胡廣等人以程朱理學爲標準，廣爲搜尋、匯輯經傳注釋，編纂出《五經大全》《四書大全》《性理大全》三部理學著作，目的是"合衆途於一軌，會萬理於一原"，以使"家不異政，國不殊俗"。程朱理學成爲上至朝廷、下至民間的法理準則，進入了極盛時期，取得了獨尊地位。《四書大全》成爲科舉考試的必讀書，隨着出版業發展，對"四書"進行注釋、辨析、闡釋的舉業書也越來越多。

明代中期，王陽明創立心學。心學將人們遵守的客觀的"天理"，轉變爲主觀可以感知的"心"，有利於學習者理解、感知，也激發了學理的主觀能動性。王學集理學史上心學一派之大成並不斷傳播，大大衝擊了程朱理學的地位，達到了主觀唯心主義的高峰。可以説，王陽明心學在一定程度上糾正了程朱理學體悟天理而不顧現實、空談性理而忽略經書本義的弊端。心學後學甚衆，出現了許多流派，如浙中王學、江右王學、粵閩王門、南中王學、楚中王門、北方王門等，涉及地域很廣，其中影響最大的是以王艮、何心隱、羅汝芳、李贄等爲代表的泰州學派。心學也存在着空談性理、執着道義、脱離現實的問題。

明後期理學逐漸流於空疏，心學出現衰微。隨着明末社會動蕩，政權搖搖欲墜，思想和學術界也發生了巨大變革。學者們開始反思，理學的弊端逐漸被認識。先是以顧憲成、高攀龍等爲代表的東林黨人，不滿魏忠賢專權造成的朝政危機和社會動蕩，追根究源，認爲是王學末流的不問世事、空談性理造成的惡劣後果，因而反對王學末流，要求糾正藐視禮法、虛浮放縱的習氣。復社文人繼之以復興古學、改革弊政爲目標，領導人物張溥提出："期與四方多士共興復古學，將使異日者務爲有用，因名曰復社。"[1]要求發揮經學對現實社會的幫

---

① （清）陸世儀《復社記略》卷一，第 173、181 頁。

助、輔弼作用，提倡經世致用的實學。明代楊慎、焦竑、陳第、胡應麟、方以智等學者也都重視、提倡經學，從事經學研究，反對心學流弊。

到了清初，學者黃宗羲、顧炎武等人審視理學重概念爭辯而脱離社會實際、不重經書本身、學風空虛迂闊的弊端，明確反對理學，大力提倡實用之學。理學衰微，承繼漢代質樸學風、講究考據、注重訓詁的經學興起，逐漸成爲清代學術主流。這就是明清學術思潮由理學入經學的過程，實際上，對經學的重視從明代中後期就開始了。

《孔子家語》的刊刻從側面證明了由理學入經學的學術思潮。理學和心學弊端在明中後期已開始顯露，東林黨人、復社和楊慎等學者提倡古學，發揮經學之用，企圖挽救理學空疏流弊，經學書籍更多地被刊刻。明後期萬曆、泰昌、天啓、崇禎四朝，《孔子家語》各種版本的刊印數量大大增加。根據學者研究統計，①明代《孔子家語》版本共 74 種，其中比較明確刊刻於明前期的有 1 部，刊刻於明中期的有 20 部，刊刻於明後期的有 25 部，另有 28 部未明確。未明確的版本中可劃分爲明中期的 1 部，可劃分爲明後期的 7 部。由此看出，明中後期刊刻數量遠多於早期，而明末比中期又有增多。這充分體現了刻版業的繁榮趨勢，同時也意味着明代後期，人們在一定程度上開始重視經學典籍。

從《孔子家語正印》的刊刻時間來看，明代後期已然開啓了重視經學的潮流。萬曆三十二年(1604)，顧憲成等人修復了宋代的東林書院，與高攀龍、錢一本等一起講學。隨後東林黨人探討學理、評議朝政，開始引領時代思想潮流。隨着萬曆後期政治的衰敗，文人試圖扭轉頹敗格局，又一個思想學術流派逐漸誕生，這就是主張"興復古學，將使異日者務爲有用"的復社。領袖人物張溥等人感到"世教衰，士子不通經術，但剽耳繪目，幾幸弋獲於有司，登明堂不能致君，長郡邑不知澤民"，所以聯絡四方人士，提倡古學，希冀有爲於政治。再看《孔子家語正印》的刊刻時間天啓三年，此時魏忠賢擅權，反對魏黨的東林黨人已經登上歷史舞臺，復社核心人物的思想也已形成，心學遭到質疑，復興古學、研讀經書的呼聲日益高漲。因此刻印精美的《孔子家語正印》在此時產生，表現了經學所受到的重視和關注，正應和了業已開啓的經學潮流，體現了時代思潮的演進。但我們應該看到，儘管有復社先導人物張溥等的大聲疾呼，

---

① 常佩雨《〈孔子家語〉版本敘録》，2008 年鄭州大學碩士學位論文，第 46～68 頁。

經學的思想和精神還未成爲時代的統治思想,上升到主導地位;直到清代初期,黄宗羲、顧炎武等復社後續力量的接續反思,纔促成了清代經學研討的又一高峰。

三、《孔子家語正印》的成書根源與時代意義

《孔子家語正印》在明代後期出現,有其社會原因。明代後期,社會相對穩定,經濟繼續發展,出現了資本主義的萌芽。當社會的物質文化發展到一定程度,人們就産生了精神娱樂的需要,因而城市中産生了歌舞活動和崇尚享樂奢靡的風氣。隨着王陽明提出的"知行合一""致良知""心即理"等呈現本心思想的流行,人們對思想精神的追求也空前高漲,書籍作爲重要的精神文化産品受到重視。書商與文人合作,出版活動的文化層次更高,出版物更加精美完善,書籍刊刻也更加興盛。其中既有思想豐富的經史典籍及文化藝術作品,也有用以消遣娱樂的通俗戲曲、流行小説,還有大量用於科舉考試的名家選本。《孔子家語正印》刊刻還與社會政治、官員的生存環境等密切相關。

首先,從士人、官員的生存境遇來看,官員俸禄微薄,大量士人參與書籍的編纂和刊刻。《明史》記載:"自古官俸之薄,未有若此者。"①明代中後期朝廷黨爭激烈,帝王昏聵無能,官員遭彈劾或主動辭職的事情比比皆是,在入仕之前和去職之後,大部分人生活更加清貧。在這種情况下,有的官員將自己的著述拿到書坊刊行,售賣給書買,獲得生活補給;有的與書買合作編纂書籍,直接參與刊刻出版活動。官員的出版活動有自編自刻、自編坊刻等方式。②書商與普通文人的合作更是頻繁,有的讀書人將編纂刊刻書籍作爲安身立命的方式,有的則作爲思想情志的表達途徑。"書商與文人的合作,早已成爲出版業經營的趨勢,各種科舉用書、名家選本、通俗戲曲小説讀物等暢銷書籍,就是這種合作的産物。"③書商與文人的合作,爲《孔子家語正印》這樣的經史書籍的刊刻,提供了便利和可能。

其次,《孔子家語正印》的刊刻體現了明代政治的需要。天啓年間,明熹宗不理朝政,腐敗昏聵;魏忠賢一手遮天,打擊異己,賣官鬻爵,造成了政局動蕩,

---

① 《明史》卷八二,《食貨志六》,《四庫全書》本。
② 何朝暉《晚明士人與商業出版》,上海古籍出版社,2019年版,第120～161頁。
③ 許婉璞《明代中晚期刻書業的特色及文化意義》,《中國出版》2005年第7期,第55頁。

加速了明朝的腐朽和滅亡。東廠等特務機構鉗制時人思想言論,忠義文人無法抒發心曲,不得不通過刊刻經書進行委婉曲折的控訴。顧錫疇、孔貞運等人在朝爲官,他們剛直不阿、嫉惡如仇,對朝政和魏忠賢的行爲極爲不滿,但苦於明熹宗閉目塞聽,言說無門,魏忠賢的暴行如烈焰般無法制止,因而只能通過婉轉方式進行抗議和鬥爭。《孔子家語正印》通過注釋、評語表達了注評者的忠誠正義思想,光明正大、深刻有力地鞭撻了奸黨佞臣,成爲對抗魏忠賢反動統治的有效途徑,因而《孔子家語正印》的刊刻具有一定的時政價值。同樣刻印於天啓年間的《新刻注釋孔子家語衡》二卷,作者周宗建也是反對魏忠賢的清流文人。周宗建是吳江人,萬曆進士,曾三駁魏忠賢,最後被誣陷下獄死,著有《周忠毅公奏議》四卷附一卷。

顧錫疇、孔貞運等人意識到,《孔子家語》所蘊含的思想深厚博大,較《論語》更加深厚豐富,對匡正明末的倒行逆施,挽救明朝政治危機和頹敗之勢,具有十分重大的作用。通過刊刻出版《孔子家語正印》,能很好地表達心曲,重新樹立儒家正統的内政外交思想及治國理民思想,幫助政權重回正常軌道,使政治走向清正光明。因此《孔子家語正印》在天啓年間出現,《孔子家語》版本在明中後期刊刻數量不斷增加,都與社會政治環境密切相關,體現了時代政治的需要。吳嘉謨集校的《孔子家語圖》也是萬曆年間成書,其版本來源是王肅本,序文肯定了《孔子家語》的價值,"矧今天子明黜異學,諸不在孔氏之書者禁不得進",《孔子家語》"未必無裨於聖教之萬一也"。認爲只要有益於"聖教之萬一",那些"僭""誣""謬"的説法,又有什麼影響呢? 肯定了《孔子家語》的政治價值,認爲即使有人提出不同意見,也並不妨害《孔子家語》發揮其裨補儒學道統、匡世救弊的重大價值和意義。

再次,《孔子家語正印》在天啓年間出現,是由明代文人士大夫的特點決定的。明代文人士大夫受儒家思想深刻浸潤,這個士人群體既有歷史上文人的共性,也有自己鮮明的個性特點。明代士人在忠誠正義、愛國忠君的同時,又有着鮮明的是非觀和強大的正義思想,具有剛強的文人氣骨。比如明神宗時期的"國本之爭",就鮮明地體現了明代士人的精神氣骨。明神宗和群臣之間長達十五年的矛盾鬥爭,最終以大臣的勝利而告終,神宗身心交瘁,甚至對朝政失去興趣、慵懶怠政。爲了理想信念,士人不畏君權,不惜抛卻多年苦讀獲得的官職地位,甚至付出生命,體現了剛直的文人氣骨。

　　《孔子家語》等典籍中的儒家思想培育了明代士人的氣骨。《孔子家語》是孔子思想的鮮明集中體現，正如明黄魯曾在其刊刻的覆宋本《孔子家語》後序中所述：“要之咸孔子之意也。”其中體現的勇於擔當、入世進取的儒家思想孕育了士人的氣骨，孟子思想中光輝正義、不畏權勢的獨立人格意識鼓舞了士人的獨立精神。孔孟思想對明代士人産生了重大影響，這一點從《孔子家語正印》的評語中可見一斑。《孔子家語正印》評語大量引用《孟子》原文，與正文思想互證闡發。如“五儀解第七”，評語曰：“賢人則才全德備，即孟子所謂‘充實而有光輝之大’者。”讚揚了賢人的德才全備，賢人也即孟子所謂“充實而有光輝之大”者，體現了對孔孟思想的深刻體察、融會貫通，同時强調並認同“才”“德”，看重思想的“充實而有光輝”，反映了明代文人精神追求的高純境界。這種崇高正義的追求是文人氣骨的主要内涵，是明代文人高蹈獨立於歷代文人而鮮明卓越的特質體現，這與《孔子家語》等典籍中藴含的儒家思想不無關係。士人精神與儒家典籍的刊刻相互促進，互爲推動，儒家典籍孕育了明代士人的精神和氣骨，具有正義精神的士人又助推明代中晚期出版業的發展，通過《孔子家語正印》等儒家典籍的刊刻出版，不斷受到精神的塑造、鼓舞，並達成文人精神的不斷傳播。

　　最後，《孔子家語正印》出現在明末，與書籍的出版印刷趨勢相合。明代中後期，金陵、建陽等地書坊書肆蓬勃發展。明代刻書出現了三大中心，分別是以金陵爲中心的吴地，以建陽爲中心的閩中和以杭州爲中心的越地。“凡刻之地有三，吴也，越也，閩也。蜀本，宋最稱善，近世甚希。燕、粤、秦、楚，今皆有刻，類自可觀，不若三方之盛。其精，吴爲最；其多，閩爲最；越皆次之。其直重，吴爲最；其直輕，閩爲最；越皆次之。”①除了這三地外，全國各處都有書坊書肆，如北京、四川、陝西、廣東等地。隨着書坊規模不斷增大，文人和書商結合，書坊刊刻更加專業化、精細化，刊刻書籍的數量、種類、品質都有了很大發展，這一點可以從出版數目看出。杜信孚在《明代版刻綜録》中，著録了明版書共 7740 種，其中洪武至弘治年間（1368—1505）766 種，正德、嘉靖、隆慶年間（1506—1572）2237 種，萬曆至崇禎年間（1573—1644）4720 種。②從三個時間

---

①　胡應麟《少室山房筆叢》卷四《經籍會通四》，上海書店出版社，2009 年版，第 43 頁。

②　繆詠禾《中國出版通史·明代卷》，中國書籍出版社，2008 年版，第 10 頁。轉引自何朝暉《晚明士人與商業出版》，上海古籍出版社，2019 年版，第 92 頁。

段的數字可見,出版刊刻業確實在明中後期發生了很大變化,書籍數量大幅增長,主要原因是私人書坊刻書增多。有學者認爲:明代官方刻書的地位,與宋元相比顯著下降。明代前期,官刻在出版業中占有較大比重,而從明代中葉開始,情況發生變化。官刻在出版業中所占比重越來越低,家刻和坊刻出現大幅增長,所占比重越來越大,逐漸形成了對官方出版的壓倒性優勢。①明代的刻書中心,也由前期的建陽一地,擴展到蘇州、杭州、南京、湖州、北京、四川、廣東、陝西等多地。

　　隨着明代中晚期社會文化思想的興盛和刻書業的繁榮,《孔子家語》的刊刻也達到前所未有的豐富程度。時人通過多種方式對《孔子家語》進行加工整理,如黃魯曾、何孟春、陳際泰、路一麟、陸治、周宗建、吳嘉謨、毛晋、何柏齋、何棠、劉舜臣等。學者的工作從遴選善本、考次異文、注釋勘誤,到疏通文意、歸納主旨、提煉思想,再到編配孔子聖迹圖、校對出版等,對《孔子家語》的修訂、編纂和加工取得了前所未有的成就。明代的版本和刊刻數量總體大爲增加,明中後期比前期又有大幅增長,不僅數量多,品質高,刊刻更加精緻美觀,還出現了許多注釋加評語的注評本。除《孔子家語正印》以外,比較有代表性的還有何植齋評點《家語十卷》本,何棠評《家語十卷》本等。何植齋的評語疏通文意,集合了評點、合刊兩種優勢,更利讀者。②何棠評點的底本是《孔子家語》十卷魏王肅注本,這一注評本的出現,代表着明代中後期文人對《孔子家語》的思索與研究不斷加深。與《孔子家語正印》同樣在天啓年間產生的,還有周宗建所撰《新刻注釋孔子家語衡》二卷,吳嘉謨集校《孔子家語圖》等,它們的出現印證了明代刻書業的繁榮趨勢。

　　明末《孔子家語》刊本的題名不斷加長,符合了出版印刷的商業化趨勢。《鼎鍥二翰林校正句解評釋孔子家語正印》三卷刻於天啓三年,書名較長,共十七字。類似的還有刻於萬曆二十五年(1597)和天啓六年的《鼎刻楊先生注釋孔聖家語》四卷首一卷,刻於萬曆二十五年的路一麟撰《新鍥訂注孔子家語》五卷,以及刻於萬曆年間的張鼎撰《新鍥侗初張先生注釋孔子家語雋》五卷、鄒德溥撰《新鍥臺閣清訛補注孔子家語》五卷首一卷等。這些書名中的"鼎鍥""鼎

---

①　何朝暉《晚明士人與商業出版》,上海古籍出版社,2019 年版,第 93～94 頁。

②　常佩雨《〈孔子家語〉版本敍録》,2008 年鄭州大學碩士畢業論文,第 66 頁。

刻”“新鍥”等字樣,標明了書籍的新穎性、特點和價值,從銷售角度來看,對讀者具有很大的吸引力。書名標舉“二翰林”“楊先生”“張先生”“臺閣”等有身份地位的名家學者作爲招牌,加强了書籍的權威性,增大了對讀者的吸引力,彰顯了商業化特徵。判斷是否具有商業性,“看書籍在形式上是否具有面向市場的特點,例如書名是否冠以‘鼎鎸’‘增注’‘音釋’‘纂圖互注’‘重言重意’‘全相’‘某某先生鑑定’等帶有推銷性質的冗長的定語,封面或牌記上是否有宣傳書籍的廣告用語,版刻、插圖是否粗糙,版式是否擁擠,等等”。①《孔子家語正印》題目較長,有“鼎鎸”“二翰林”字樣,書序、注釋、評論者皆爲名家,同時版刻、插圖精細,風格類似當時的小説插圖,有較明顯迎合讀者審美好尚的傾向,因而該刻本具有較强的商業化特徵,應爲明代書坊所刻。當時有的作品假托名人所作,以利於商業銷售。考察顧錫疇、孔貞運的其他作品,對比《孔子家語正印》注釋、評語所反映出的思想水準及文學造詣,二者没有太大偏差,風格上没有明顯違背,未有確鑿證據確認《孔子家語正印》爲他人托名之作。

《孔子家語正印》在明末天啓年間出現,與時代思想密切相關,符合社會政治需要,符合明末清初“從理學入經學”的學術思潮,其與士人精神相互促進,互爲推動,孕育了明代士人的精神和氣骨,促使文人精神不斷傳播。《孔子家語正印》的刊刻還與明代書籍的出版印刷發展趨勢相合,因而具有極大的時代意義和價值。

四、《孔子家語正印》的價值

《孔子家語正印》對於孔子思想有極高的認識價值,在孔子研究史上具有重要的學術地位。正文前 20 幅繪刻生動、細緻精美的版畫,反映了孔子生平重大事件,之後的“先聖世系”“素王異質”“先聖履歷”“至聖先師赞”“至聖後裔”幾部分簡要介紹孔子的秉異天賦、四方履歷及顯赫榮名,從知人論世角度彰顯聖人特質,爲孔子人格文化等多維度研究提供了珍貴材料。《孔子家語正印》豐富的注釋、評語反映了明代孔子研究狀况,表現了時人對孔子思想的認識程度和闡釋特點。尤其是孔子第 63 代孫孔貞運的評語,是對孔子思想的進一步深刻闡發,具有極高的文獻價值和學術價值,在孔子研究史上具有重要的

---

① 何朝暉《晚明士人與商業出版》,上海古籍出版社,2019 年版,第 26 頁。

開拓意義。《孔子家語正印》注、評者爲禮部尚書、翰林院編修，注評代表了明代上層士人、文化學術的引領者對孔子思想的認識，對研究孔子思想闡釋史具有重要價值，在儒學研究中具有獨特地位。

（一）《孔子家語正印》的版本價值

《孔子家語正印》版本珍貴稀缺。在全球漢籍合璧工程的推進下，海外珍本、善本得以回歸，本書採用的底本是 2017 年收入《子海珍本編》影印出版的日本内閣文庫所藏明代顧錫疇注本《孔子家語正印》，此版本目前在國内尚未發現，屬《中國古籍善本書目》未著錄之作，此前研究者的著述中也從未提及該版本。

《孔子家語正印》版本完整精美。《孔子家語正印》内容豐富，刻印精美，顧錫疇注釋，孔貞運評論，文震孟作序，注評承載了一定的文化及價值觀念。文震孟的手書序言體現了一種灑脱自如的剛勁健美，其書法源自家傳，造詣深厚，較文徵明的秀雅遒勁更顯轉折方勁。序言之後的版畫筆法純熟，刻印精美，極具表現力。正文板式設計合理，注評工整清晰，原文單行大字，注釋雙行小字，同時以分框形式在原句上方評論，字迹清晰秀美，刻印工整規範。

《孔子家語正印》版畫較同時期其他版本繪畫更加生動精緻。此外帶圖版的還有吳勉學《新鍥侗初張先生注釋孔子家語雋五卷有圖》等，今天所見較好的有吳嘉謨集校王肅本《孔子家語》，此本 2013 年由安徽人民出版社出版，名爲《文圖版孔子三語集·孔子家語》。《孔子家語正印》版畫較吳嘉謨集校本精細繁複，更勝一籌。二者内容、題材大同小異，但畫面形象和表現手法區別較大。吳本爲萬曆十七年（1589）集校刻印本，共有版畫 40 幅，以吳嘉謨老師楊士經授予的曲阜《聖迹圖》爲藍本加工創作，其"聖迹圖錄"與當時乃至當代諸本相比，已算上乘之作，畫面簡潔，構圖勻稱，佈局合理，線條清晰，人物表情豐富。鄭振鐸先生在《中國古代版畫叢刊》中稱讚它："在中國版畫史上是一部珍奇的大作品。"而《孔子家語正印》中的 20 幅版畫更勝一籌，畫面飽滿清晰，構圖豐富精美，繪鐫手法純熟，線條逸美流暢，陽刻和陰刻結合，體現了明人的曠逸面貌。如《麟吐玉書》一圖，二本均描畫了麒麟、房屋、人物等物象，而《孔子家語正印》細節豐富精緻，表情細膩傳神，房檐吻獸紋理清晰可見，屋内陳設一一展現，這些都是吳本所不及的。因而《孔子家語正印》堪稱巔峰之作，彌足珍貴。"明代中晚期，隨着通俗文藝類書籍的大量出現，刻書中版畫插圖成爲時尚,金陵、建陽的書坊紛紛改革宋元時期上圖下文的遺風,創造出兩面連式、荷葉連式、團扇式等新品,將我國古代版畫藝術推向新的發展階段。"①正是在這一背景下,出現了精美細緻的《孔子家語正印》。版本的欣賞性有助於作品流傳,也留下了珍貴的資料。

(二)《孔子家語正印》的版本特點及研究價值

《孔子家語正印》接續了元代劉祥卿本《孔子家語》,成爲與何孟春本、黄魯曾本不同的注本體系,在注本源流系統方面有重要價值。元代流傳的版本主要有王肅注《孔子家語》十卷本、王廣謀注本和元朝至正二十七年劉祥卿家刻本(以下簡稱"劉祥卿本")。明代較重要的版本有明嘉靖三十三年黄魯曾覆宋本(簡稱"黄魯曾本"),明正德十六年(1521)何孟春刻本(簡稱"何孟春本")等。《孔子家語正印》接續並發展了元代的劉祥卿本,代表了由元到明的一個重要注本系統,在原文内容、注文内容、注釋位置等方面,與劉祥卿本多有一致,與黄魯曾本、何孟春本差異較大。

《孔子家語正印》的篇目名稱和篇目順序與何孟春本基本一致。《孔子家語正印》與黄魯曾本、何孟春本、劉祥卿本所列篇目均爲四十四篇,第三十八篇及以後,標題順序有較大不同。《孔子家語正印》三十八篇及以後爲"正論解第三十八""曲禮子貢問第三十九""曲禮子夏問第四十""曲禮公西赤問第四十一""本姓解第四十二""終記解第四十三""弟子解第四十四",黄魯曾本爲"七十二弟子解第三十八""本姓解第三十九""終記解第四十""正論解第四十一""曲禮子貢問第四十二""曲禮子夏問第四十三""曲禮公西赤問第四十四"。經對比,《孔子家語正印》的篇目順序與何孟春本一致,不同於黄魯曾本和劉祥卿本。由此判斷,何孟春本在明代的流傳較廣,影響較大,《孔子家語正印》認同何本的篇目順序。此順序從孔子應對子貢問、子夏問、公西赤問等幾番對弟子的諄諄教導,到"本姓解"對孔子出身世系的介紹,"終記解"對孔子去世情景的展現,再到終篇"弟子解"介紹弟子情況,延續了一條思想觀念、身世經歷、離世下葬、弟子概況的清晰線索,較黄魯曾本、劉祥卿本更富邏輯性,符合一般讀者的思想認識過程。

在正文篇幅和内容上,《孔子家語正印》與劉祥卿本基本一致,與黄魯曾本

---

① 　許婉璞《明代中晚期刻書業的特色及文化意義》,《中國出版》2005 年第 7 期,第 55 頁。

和何孟春本差異較大。如"論語第二十七"篇幅内容與劉祥卿本完全一致，而何孟春本篇幅略大，黃魯曾本則是何孟春本的三倍左右，内容較多。再如"弟子行第十二"，黃魯曾本後面多出孔子對柳下惠、老萊子等歷史人物的評價，可能認爲此部分與題目所述"弟子行"關係甚遠，因而《孔子家語正印》不載；或當承繼劉祥卿本，劉祥卿本即無此内容。字句表述上《孔子家語正印》也多與劉祥卿本一致。如"論語第二十七"中"耳目無所聞"一句，《孔子家語正印》與劉祥卿本同；黃魯曾本、何孟春本皆寫作"耳目無所加"。當然，《孔子家語正印》也有與何孟春本一致之處，如"論語第二十七"，孔子與弟子子張、子貢、子游探討禮的内容，整篇使用名稱"子游"，而黃魯曾本、劉祥卿本皆作"言游"。

《孔子家語正印》用語簡省，包括敘述語言、人物語言及語氣詞。述及孔子話語，多言"子曰"，與劉祥卿本同，而黃魯曾、何孟春本較繁複，多爲"孔子曰"。人物語言簡括，如"論語第二十七"孔子給衆弟子講授禮的精神，其載："孔子曰：'吾語汝以禮。'"人物語言只有五字。黃魯曾本、何孟春本載："孔子曰：'居，汝三人者，吾語汝以禮，周流無不遍也。'子貢越席而對曰：'敢問如何？'"對話用了二十字，更爲周詳，兩相對比鮮明。《孔子家語正印》省去重複之語和一些語氣詞。如"顏回第十八"，黃魯曾本云："公曰：'善！誠若吾子之言也，吾子之言，其義大矣，願少進乎。'"《孔子家語正印》云："公曰：'吾子之言，其義大矣，願少進乎。'"略去重複的"吾子之言"。又如"子路初見第十九"，黃魯曾本、何孟春本云："子曰：'贈汝以車乎？贈汝以言乎？'"《孔子家語正印》省去語氣詞"乎"，與劉祥卿本同。其行文簡略，可見一斑。

《孔子家語正印》與劉祥卿本注文内容相近，注釋位置基本一致，《孔子家語正印》在意思比較明確、顯豁的地方省去了注釋，因而注釋數量少。如"在厄第二十"云："子路出，召子貢，告如子路。子貢曰：'夫子之道至大，故天下莫能容，夫子盍少貶焉？'子曰：'賜，良農能稼，不必能穡；良工能巧，不能順。君子能修其道，綱而紀之，不必其能容。'"此段落中，劉祥卿本注釋十處，《孔子家語正印》注釋五處，何孟春本注釋三處，黃魯曾本注釋二處。

《孔子家語正印》注釋簡括，反映了明確化、精簡化的演進過程。如"五帝第二十四"中"五行更王，終始相生，亦象其義"，黃魯曾本注云："法五行更王，終始相生，始以木德王天下，其次以生之行轉相承。而諸説乃謂五精之帝下生王者,其爲蔽惑無可言也。更,古衡反。王,音旺。"疏通了内容,還用反切法和直音法注音。劉祥卿本注曰:"法五行更王,終始相生,始以木德王天下,其次轉相承比。"《孔子家語正印》注曰:"法五行更王,終始相生,始以木德王天下,其次第也。"《孔子家語正印》將劉祥卿本進一步精煉了。再如"良農能稼,不必能穡",黄魯曾本注云:"種之爲稼,斂之爲穡,良農能善種之,未必能斂穫之也哉。"劉祥卿本注云:"種曰稼,斂曰穡。言良農能善種之,未必能斂穫之也。"何孟春本注云:"能種之未必能斂,穫之歲有豐凶也。"《孔子家語正印》注云:"種曰稼,斂曰穡。良農,能稼穡之人。"劉祥卿本與黄魯曾本注文相同,《孔子家語正印》的前一句與劉祥卿本同,後一句省去句意闡釋,疏解了"良農"。注文的簡化經歷了一個發展演進過程,考其成書時間先後,黄魯曾本成書於明代1554年,但其本於宋刻王肅本,因而版本源流最早,劉祥卿本成書於元代1367年,《孔子家語正印》成書於明代1623年。從表述看,劉祥卿本精簡了王肅本的第一句,承襲了第二句;《孔子家語正印》承襲了劉祥卿本第一句,又精簡了第二句,體現出明確化、精簡化過程。

《孔子家語正印》用語更加工整文雅,對不能判斷之處,並不照搬前人説法,而是進行探討,存疑處理。如"哀公問政第十七","天道敏生,人道敏政,地道敏樹"一句,劉祥卿本注曰:"上天生物至速,人得其道則其政行速,地得其道生草木速。"《孔子家語正印》注曰:"天道之速於物生,人道之速於行政,地道之速於敏樹。"二者均爲三句話,劉注的句式不統一,而《孔子家語正印》則使用了統一句式,顯得工整對仗,雋永文雅,透露出明代文人士大夫的文學修養。又如"顔回第十八"中,"幸人之有過,恥學而羞不能",劉祥卿本注曰:"喜他人之有過失,恥於學問而自羞其不能。"《孔子家語正印》云:"無隱惡揚善之美,無不恥下問之功。"後者對仗工整,簡略清晰。對不能判斷的存疑之處,《孔子家語正印》採用羅列諸種説法的方式,實事求是,不臆測,不武斷。如"郊問第二十九","乘素車,貴其質也"一句中對"素車"的解釋,劉祥卿本云:"乘白,尚質樸也。"《孔子家語正印》注曰:"素車,木輅也。又云:太常之制,玉輅以專祭祀。則此又當爲玉輅矣,未詳孰是。""未詳孰是"表明"素車"爲何不能確知,對疑問之處認真思考探討,而没有妄下結論。

《孔子家語正印》與劉祥卿本皆有評語,《孔子家語正印》評語數量多且極富特色,具有很高價值。前十篇評林數量比較見下表。

前十篇評語數量統計表

版本篇目	一	二	三	四	五	六	七	八	九	十	總計
劉祥卿本	26	11	6	7	6	3	8	12	5	7	91
《孔子家語正印》	15	10	13	7	6	3	10	26	5	13	108

《孔子家語正印》評述周詳,達到了一定思想深度。劉祥卿本評語簡括,多在五字以內,半數以上專門釋音,《孔子家語正印》則基本在十字以上,四五十字的比比皆是。如"五儀解第七"孔子對哀公問,歸納了庸人、士人、君子、賢人、聖人的不同特點。劉祥卿本只在原文上方提示性標出"庸人""士人""君子""賢人"等幾個字,未列"聖人",也未進一步解釋。《孔子家語正印》則結合孟子哲學理論闡發分析,加深了讀者的認識程度。如評論"士人"云:"士者之才,足以修政、立事,即孟子所謂'信人''善人'也。""惟不求益于富貴,故不見損於貧賤。"評論"君子"云:"君子之德,足以輔世長民,即孟子所謂'充實之美'者。"評論"賢人"云:"賢人則才全德備,即孟子所謂'充實而有光輝之大'者。"評論"聖人"云:"聖人則又進賢人一等,爲大而化之者。其君用之,則德盛化神,而王業之興,其易易矣。"評論充實,表述精審,思想的深度和廣度大大超越前人,體現出了版本的發展與嬗遞。

(三)《孔子家語正印》評語的作用與思想

《孔子家語正印》序作者、注評者的學術思想和政治背景都具有極高研究價值。注者顧錫疇、評者孔貞運、序者文震孟都是明後期上層士人,注評反映了當時上層士人的文化心理,具有儒家正直文人思想特點,代表了高潔正直的官場清流。其中滲透的深厚儒家觀念,一定程度上反映了明代士大夫文化思想,具有極高的思想價值和學術研究價值。

《孔子家語正印》評語內容豐富,闡釋深刻,發揮了疏通句意、闡述觀點、注釋字詞、校正誤字、補充內容、深化思想、概述寫法等多方面作用,以下具體分析之:

疏通句意,解釋字詞。《孔子家語正印》大部分評語解釋說明句意,有的也注釋字詞。如"五刑解第三十"評語:"按:《誼傳》,加,當作行,謂繫引而行也。其下又有'其中罪者,聞命而自弛,君不使人頸縶而加之也'二十字(按:當作"十九字",原文如此),此蓋闕'中罪'一節而誤也。弛,廢也。頸縶者,師古曰

'以受鐅其頸而加刀鋸',則又甚於執縛係引矣。"解釋了"加""弛"之意。又如"辯政第十四":"孔子曰:'各因其事也。夫子言皆各因其失而對不同。齊君爲國,奢乎臺榭,淫于苑囿,侈臺榭之華麗,溺苑囿之宴樂。'"評語對臺榭、苑囿加以注釋,其云:"築土曰臺,有木曰榭,苑囿者,繁育花木鳥獸之所也。"

評語借鑑其他版本,補充正文内容的不足。如"顔回第十八",寫東野畢善御,顔回預言其馬必將佚失,魯定公詢問預言準確的緣由,顔回進行了詳細解釋。篇中未敘預言應驗之事,評語補出,其云:"當回之對定公,公不悦其言,謂左右曰:'君子誣人也。'及退三日,復來訊之曰:'東野畢之馬佚,兩驂曳兩服入于廄。'公因召回。即其事也。"這段内容《孔子家語正印》無,而黄魯曾本和何孟春本皆有,評者可能參照了其他版本,於是以評語形式添加,以補充正文不足。評語起到補充説明作用的還有"觀周第十一"。此篇敘述孔子聽説老子博古知今,與敬叔一起到周地拜訪。之後僅有一句概述"問禮於老聃",没有詳細交代問道過程。評語補出老子教導内容:"君子得其時則駕,不得時則蓬累而行。吾聞良賈深藏若虚,君子盛德,容貌若愚。去子之驕氣與多欲,態色與淫志,皆無益於子之身。[①]吾之所告子者,如此而已。"使問道起因、過程、結果完整地呈現出來。

評語延伸總結正文提到的情況,或提供另一種説法。如"在厄第二十":"孔門之不願仕者,閔子、曾子、漆雕開數人而已。"正文敘述曾子不受魯君官職,評語延伸概述出了孔門不出仕者。再如"屈節解第三十七":"子貢曰:'緩師,吾請救於魯,今救魯而伐齊,子因以兵迎之。'田常許諾。"評語曰:"此言田常不納子貢之説,竟加兵伐魯,《傳》云:'即日移兵伐吴。'未知孰是。"引用《左傳》爲正文提供更多甚至相左的説法,擴大讀者視野,但並未加以考證判斷。

評語通過議論提出個人觀點,深化正文思想。如"辯政第十四"評語:"楚有萍實之謡者,齊有商羊之謡,何獨於夫子而聞之,而齊楚之民未聞傳此事?蓋夫子之至誠如神,能知人之不知,特借童謡以證真言之有稽耳。"評論者對正文内容提出疑問:"楚有萍實之謡者,齊有商羊之謡,何獨于夫子而聞之,而齊楚之民未聞?",繼之給以解答,啓發讀者思考,一方面深化了正文思想,指出孔

---

① "益",底本誤作"色"。

子"至誠如神",另一方面揭示寫作方法及用意,乃"借童謠以證真言之有稽"。評語還對時事發表議論,採用"按語"方式直接表達看法。如"子路第十九"評語:"按:孔子一言大夫過制,而遂墮三都之城;再言顓臾不可伐,而遂寢季氏之欲;至於女樂之受,則不能諫止。吾以是知淫聲艷色,比禍利尤足以惑人,而無人情之所易溺,雖聖人亦未如之何也已。"對淫聲艷色難以禁絕發出感歎。明代中後期,經濟較發達,女樂流行,社會上出現了淫靡行樂現象。評者對此有着明確認識,他感歎淫靡現象無法禁絕,因此以評語形式議論,發表個人觀點。又如"在厄第二十":"按:危邦不入,夫子何依依於陳、蔡間歟? 蓋聖人之心,猶之天然,苟可以仕,削弱非所計也。其萬物一體、四海一家之心,可想見矣。若夫危邦不入之言,乃爲未至於聖者立法耳。聖人體道之大權,則不可執此以議之也。"孔子周游列國途中被困陳、蔡,如果爲自身利益考慮,則應該"危邦不入"。評論以按語形式發表議論,揭示了聖人之所以不同凡人,就在於有天然的聖人之心,並認爲此事表現了聖人追求政治理想的矢志不渝精神。

評語提示寫作方法。如"曲禮子夏問第四十"正文云:"子夏問曰:'官於大夫,既升於公,而反爲之服,禮與?'"評曰:"再用子夏一問,更發一番議論。"評論分析了正文寫法,點明"子夏問"這一情節引發議論的特殊作用。又如"儒行解第五"評曰:"以席珍喻自重,最爲切當。"提示正文使用的比喻手法。類似的還有"致思第八"中,"以風、木爲喻,最親切有味"。可見評語不只從內容層面,也從文章構思、寫法等形式方面探討分析,是全方位、多層次的評論和總結。

有的評語校正文中誤字,訂正訛誤。如"曲禮子貢問第三十九"之"形還葬",評曰:"還,當作旋,言即葬也。"此處評語出校語,糾正誤字。有的評語訂正古籍中的訛誤之處,如"終記解第四十三":"遂寢病,七日而終,時年七十三矣。"評曰:"按《史記》,孔子七十四歲壬戌,周敬王四十一年,魯哀公十六年也,是年四月丁巳夜,孔子夢坐兩楹之間,而見陳奠,知其爲將亡之徵也。明日戊午,孔子蚤作,有'泰山梁木'之歌,語子貢以坐奠之夢。寢疾,七日而卒,乃四月十八日乙丑午時也。按,《左傳》作'己丑日,孔子卒'。然是年四月戊申朔,有'乙丑',無'己丑'。蓋'己'與'乙'相近,誤書耳。"評者通過對孔子去世具體年月日時的考證,認爲《左傳》將孔子去世日期"乙丑"誤爲"己丑",屬字體形近而訛。

　　《孔子家語正印》並不是平鋪直敘地直接發表評論，而是使用按語、引用典籍、運用比喻、使用疊音詞等多種表達方式綜合運用。

　　以按語方式發表議論，提出個人觀點。如“執轡第二十五”：“古者天子以內史爲左右手。”評語云：“按：內史掌王之八柄，以輔王治，正王法。凡命諸侯及孤卿大夫，則策命之。凡四方之事書，則宣讀之。王制禄，則贊爲之，以方出之。贊，詞也。方，版也。賞賜亦如之。故王以爲左右手。”用按語的方式闡明內史職責，解釋了爲何“以內史爲左右手”。

　　評語引用典籍，與原文內容互證闡發。引用《詩經》《尚書》《春秋》《左傳》《論語》《孟子》《周書》《周禮》《禮記》《管子》《大學》等典籍，及何景明《大復集》、韓愈《原毀》、鄭樵《通志》等書籍，引經據典地從多個角度闡發《孔子家語》的論斷，加深讀者思想認識。如“五刑解第三十”云：“聖人之設防，貴其不犯也。制五刑而不用，所以至治也……是以上有制度，則民知所止；民知所止，則不犯。”評語云：“舜命皋陶曰：‘汝作士，明于五刑，以弼五教，期于予治。刑期于無刑，民協于中，時乃功，懋哉！’此見聖人好生之德洽于民心，兹用不犯于有司也。”《尚書·虞書·大禹謨》以問答形式記載了皋陶向帝舜陳獻治理方略、大禹向帝舜陳述功績的情況。帝舜任命皋陶官職以後，告誡他要通曉五刑，輔以五教，採用合理的治國方式。評論引用《尚書》與正文互相印證闡發，豐富了史料，起到了加深思想、明確觀點的作用。本篇還有多處引經據典的評釋，如評語“象以典刑，流宥五刑，鞭作官刑，扑作教刑，①金作贖刑。眚災肆赦，怙終賊刑。欽哉欽哉，惟刑之恤哉”，以按語形式直接引用《尚書·舜典》的話；評語“《周禮·大司徒》：‘以五禮防萬民之僞，而教之中。’國家之範圍，人道之紀綱也。越禮犯分而防潰矣，刑罰其可已乎？善政者，必拔本塞源而後可”，引用了《周禮·大司徒》的話及《左傳·昭公九年》中“拔本塞源”一詞；評語“禮義廉恥，謂之四維。四維不張，國乃滅亡”出自《管子·牧民》；評語“其中罪者，聞命而自弛，君不使人頸縶而加之也”出自《漢書·賈誼傳》。僅一篇當中，評論引用五篇典籍與正文互證闡發，可謂旁徵博引，融會貫通。據筆者統計，評語引用最多的典籍是《尚書》，其次是《詩經》。

　　使用比喻手法品評人物，結合前後文總括人物特點，增强對人物的闡釋分

---

　　①　“扑”，底本作“朴”，據《尚書》改。

析。如"屈節解第三十七"："子路氣象如蒼松古檜，凌空聳望，自不同於凡卉。"用比喻方式描述子路氣象風格蒼勁雄渾，類似魏晉時期人物品評手法。評論還結合前後段落及篇章，總括人物特點。如"正論解第三十八"："子謂子產有君子之道四，又謂其爲惠人，此又言其爲仁人，賢哉鄭大夫也！"評語結合"有君子之道""惠人"，及此處所述"仁人"等特點，對子產品格特徵總括分析，發出了"賢哉"的感嘆，使人物形象更加立體豐滿。

評語通過使用疊音詞、對仗等修辭手法增強表達效果。如"刑政第三十二"："此等俱本于《周禮》，井井有據，頭頭是道，而'刑政'之説無餘旨矣。""井井有據""頭頭是道"具有韻律感和節奏感，很好地增強了表意效果。又"子路第十九"云："子路初見夫子，冠雄雞之冠，服戎者之服，伏劍而舞，自負其勇可見。"其中"冠雄雞之冠，服戎者之服"結構統一，格式嚴整，語詞對仗，表達生動。

《孔子家語正印》的思想價值主要體現在評語當中。分析評語思想内涵，聯繫創作的時代和社會背景，可以考察明代士人思想，體會時代觀點，概括其文化價值。

通過對忠孝仁人的讚美，蘊含了深厚的忠孝觀念。如"困誓第二十二"，正文敘述史魚以"屍諫"規勸衛靈公任用賢才，表現了史魚的耿耿忠心，衛靈公的知錯善改，也從側面體現了伯玉的賢良。評語云："衛南子曰：'忠臣孝子，不爲昭昭信節，不爲冥冥墮行。'伯玉，賢大夫也，仁而且智，敬而事上，是以知之。是公因其言固識伯玉之爲忠賢矣。""伯玉"是春秋時期衛國的上大夫蘧瑗，因賢德聞名于諸侯，他與孔子亦師亦友，在孔子周游列國時曾多次提供幫助，因而孔子對他十分尊敬和讚賞。《論語》載："子曰：君子哉，蘧伯玉，邦有道則仕，邦無道，則可卷而懷之。"評語通過對伯玉忠賢、仁智的讚美，表現了作者深厚的忠孝觀念，及對君王明辨忠奸、用人去佞存良的肯定和讚美。聯繫成書時天啓年間的時代和社會背景，以魏忠賢爲首的閹党一手遮天，忠臣良將屢遭打擊，奸邪佞臣肆意橫行。因此評者通過對伯玉的頌揚借古諷今，表達了對魏忠賢等奸佞的反對，對正直忠義大臣的讚揚，也對不辨忠奸的君王提出警示和勸諫，其深厚的忠孝觀念和對國家君王的拳拳深情可見一斑。

體現了重視君子言行的思想。評論將君子言行放到了極爲重要、關鍵的位置，如"大婚解第四"，評語曰："言行，君子之樞機也。樞機之發，榮辱之主也。故不可以不慎焉。"認爲言行決定着人的榮辱窮達、命運走向,至關重要,因此提出"不可以不慎"的觀點,語詞精警,極有見地。"子路第十九"中有類似表述,評曰:"言行,君子之樞機也。樞機之發,榮辱之主也。脩身之道,脩于言行無所苟而已。"相似表述反復出現,可見評者對謹言慎行的重視程度。言行審慎還應包括防微杜漸,這一觀點體現在"觀周第十一"中。正文載:"焰焰不滅,炎炎若何。涓涓不壅,終爲江河。綿綿不絶,或成網羅。毫末不劄,將尋斧柯。"評曰:"蔡氏曰:'勿以小善而不爲,萬邦之慶積於小,勿以小惡而爲之。'"引用南宋學者蔡沈之語,對不加防範、致使小的禍患釀成大難的思想概括引申,從發展變化角度深入探討。

　　表達了對淫樂行爲的看法。淫樂行爲對政治和社會都具有一定危害,歷朝歷代又難以完全禁絶,因此也引起了評者的注意。"子路第十九"記載齊人送給魯君好女八十人,"桓子既受女樂,君臣淫荒,三日不聽國政",孔子因此憤而離去。對於魯君耽於享樂,荒于國政,評語云:"按:孔子一言大夫過制,而遂墮三都之城;再言顓臾不可伐,而遂寢季氏之欲;至於女樂之受,則不能諫止。吾以是知淫聲艷色,比禍利尤足以惑人,而無人情之所易溺,雖聖人亦未如之何也已。"由此揭示了淫樂的危害。評者生活的明代天啓年間,社會上淫靡之風盛行,一是上行下效。明朝天啓元年(1621),明熹宗將舉行大婚,先進行大規模選秀,十三至十六歲的少女均列入挑選範圍。有司給予女孩家銀幣,父母將這些女子在統一時間送到京師。據記載京師聚集了五千少女,再經過多輪篩選,最終確定得封嬪妃者。這種重視美色的淫靡風氣,從上到下彌漫整個社會,一定程度上荼毒了風氣,削減了意志。二是受社會思潮影響。明代中後期社會思想走向自由化,提倡發揮人的自然本性。王陽明去世後,王學分化成左右兩派,並且逐漸下移。其中一派即陽明左派,又叫泰州學派,在學術領袖王艮帶領下,不僅更加反對程朱理學,而且對君主專制政體和封建禮教也加以批判。他們提倡尊重人的自然本性,更接近廣大下層民衆,具有平民化色彩。反對禁錮思想的同時,對人性自由秉持了寬容態度,對於美色追求也不加約束。三是明代商品經濟發展的影響。自嘉靖以後,人們開始棄農經商、棄儒從商,商品經濟的價值得到充分認識,商業活動頻繁。商業發展催生了城市的繁榮,引起了諸多觀念改變,如"工商亦爲本",又經過隆慶、萬曆、泰昌五十多年發展,人們的價值觀念、消費觀念、生活方式都發生了巨大變化,社會風氣也逐漸走向奢侈淫靡，社會上到處"人情以放蕩爲快，世風以侈靡相高"。在這樣的大背景下，評論者清醒地認識到美色和淫樂對精神的麻痹作用，對於國家和社會的不良影響，十分難能可貴。他憂思深重，感歎淫靡現象無法禁絶，因此以評語形式加以議論，提出自己的擔憂和看法。

評語體現了對孟子思想的深刻認識。孔貞運善於將孔、孟思想結合起來闡發，尋找其中的共同點。如"五儀解第七"，評語將孔、孟論斷融合闡釋，對士人、君子、賢人等分别評價。評語曰："士者之才，足以修政、立事，即孟子所謂'信人、善人'也。"認爲孔子觀念中的士人是孟子所謂"信人、善人"，類似還有"君子之德，足以輔世長民，即孟子所謂'充實之美'者"，"賢人則才全德備，即孟子所謂'充實而有光輝之大'者"。評語將有才德之君子、賢人與孟子所謂的"充實之美""充實而有光輝之大"者共相比附，可見孔貞運對孔、孟思想的深刻體察及融會貫通。

評語還反映了對生死的看法及過往盛世的欽羨和讚美。"本命解第二十六"中，評語引用《周易》，贊同孔子生死觀，對生死採取了達觀態度。評曰："夫子所言性命、生死、始終之理，最爲深切著明。《易》曰：'繼之者善也，成之者性也。'言氣寓於形，而理寓於氣，與生俱生，即謂之命。又曰：'原始反終，故知生死之說。'性由命而始，生死由終也。"其中性命有始終、生死自然循環的觀念，反映了古人樸素的唯物主義生命觀。評語還通過對治世明君的讚美，曲折表現對現世的不滿。在"禮問第三十一"中，孔子讚美了政治修明、團結和睦、欣欣向榮的三皇五帝及夏商周明君統治時期，評曰："古昔大猷之世，化行俗美有如此者，而今何以能古若乎？"既點明孔子對盛世的嚮往，對今不如昔的喟歎，也蘊含了評者對自己所處時代朝政荒疏、社會頹敗的不滿，委婉表達了批判之情。

《孔子家語正印》評語具有極高思想價值，帶有一定時代特點，反映了明代中後期士人的深厚學養和正直文人士大夫的精神風貌。評語簡潔明了，質樸典雅，文字雋永。不少地方闡發義理深入淺出，識斷精審，用典準確，扎實有據，顯示了儒家義理的兼擅融通。正如《家語正印敘》所述："其辭旨雍雅，尤參之典謨訓誥，絶非炫虛弔詭，不必古，不必非古；不必奇，不必非奇。況解釋出于顧先生，評林成自孔太史，是又合《左》《國》《史》《策》之神氣，融《莊》《騷》《荀》《列》之名理，而爲一者也。"

五、版本源流，底本與校本的確定情況

《孔子家語》在流傳過程中，經歷了多次版本演變，遭到過學者質疑，出現了不同的版本系統，當今學者進行了多方面、多維度的研究，以下加以簡略梳理，並根據時代因素及版本優劣，選擇確定本書的底本與校本。

(一)《孔子家語》研究史

《孔子家語》又名《孔氏家語》，簡稱《家語》，是古代記述孔子思想和生平的重要著作，在儒家思想學術史上具有極高研究價值。今傳本《孔子家語》共十卷四十四篇，魏王肅注，書後附有王肅序和後序。《孔子家語》從宋代開始被疑爲僞書，其思想價值和史料價值未受到應有重視。隨着考古挖掘發現，僞書説占據主流的局面被打破，《孔子家語》的學術價值越來越受到肯定。

《孔子家語》是孔子和他弟子的言行記録，春秋戰國時期就已存在。一部分切實有據的孔門資料被集中在一起，編纂成《論語》。其他資料經孔門弟子初步整理也保留下來，成爲《孔子家語》。古代《孔子家語》的流傳和研究始於漢代。漢武帝時期，儒家學説成爲國家統治學説，儒家典籍也被重視，不斷得到收集和整理。孔安國得到秘府中有關孔子及其弟子思想言行的簡片副本，以事類相次原則進行了整理，撰集爲四十四篇。後劉向、劉歆父子組織整理群書，在《漢書·藝文志》的《六藝略》論語類中著録了《孔子家語》，有二十七卷，使《孔子家語》躲過漢末戰亂的毁壞散佚，存留下來。

三國時，魏王肅從他的學生、孔子後代孔猛手中得到一部《孔子家語》。王肅發現其中有部分内容符合自己的觀點，於是進行整理，並在整理中進行了添加，如整篇添加、語句的改易添加等，[①]使之成爲二十一卷本。王肅是著名經學大師，與魏晋司馬政權有特殊關係，因此經他整理作注的《孔子家語》被立於學官，顯赫一時，《孔子家語》得以流傳開來。[②]鄭玄後學馬昭批判王肅，認爲他整理注釋《孔子家語》是爲攻擊鄭玄並有所添加。馬昭的“增加説”，開啓了後世對《孔子家語》真僞的激烈爭論。

隋唐時期，《隋書·經籍志》《舊唐書·經籍志》《新唐書·藝文志》都著録

---

① 王承略《論〈孔子家語〉的真僞及其文獻價值》，《煙臺師範學院學報》2001 年第 3 期，第 15～16 頁。

② 同上書，第 14 頁。

了王肅注《孔子家語》，但所録卷數不同。《隋書·經籍志》載："《孔子家語》二十一卷，王肅解。"《舊唐書·經籍志》載："《孔子家語》十卷，王肅注。"《新唐書·藝文志》載："王肅注《論語》十卷，又注《孔子家語》十卷。"唐代顏師古在《漢書·藝文志》的"《孔子家語》二十七卷"下注曰："非今所有《孔子家語》。"這表明《孔子家語》在唐代已出現與漢代不同的版本。

到了宋代，疑古思想盛行，人們開始懷疑《孔子家語》爲王肅僞造，其中版本多樣也是懷疑的原因之一。宋代流傳的《孔子家語》可考的有兩個版本，一是十卷四十四篇本，一是二十一卷本。十卷本應是《舊唐書·經籍志》和《新唐書·藝文志》所載流傳下來的版本，二十一卷本應是《隋書·經籍志》所載流傳下來的版本，都應本於王肅作注的二十一卷本。宋人王柏率先提出質疑，他在《家語考》中認爲："今之《家語》十卷，凡四十有四篇，意王肅雜取《左傳》《國語》《荀》《孟》二《戴》之緒餘，混亂精粗，割裂前後，織而成之，托以孔安國之名。"可見，王柏所疑並不是王肅僞造，而是進行了"混亂精粗，割裂前後"的編輯添加。以朱熹和葉適爲代表的學者提出了相反觀點，這一論爭一直延續到清代。

元代王肅注《孔子家語》十卷本仍在流傳，當時流傳的還有王廣謀注本和元朝至正二十七年劉祥卿家刻本。據《國家圖書館藏〈孔子家語〉版本舉例》載，王廣謀注本出現後，前代傳下來的《孔子家語》本漸漸不被重視。這證明王廣謀注本流傳較廣，影響較大。特別是到了明代和清初，學者們見到最多的是王廣謀注本，而不是王肅注的《孔子家語》，清中後期纔陸續出現較好的王肅注本。劉祥卿本也影響較大，並流傳至今。

到了明代，《孔子家語》傳本有所增加。《四庫全書總目》記載，明代時流傳的《孔子家語》有兩個版本，一是閩徐㷆家本，一是明末海虞毛晋家本即汲古閣宋本。閩徐㷆家本多有缺頁，汲古閣宋本相對完整。《四庫全書總目提要》載："其書至明代，傳本頗稀，故何孟春所注《家語》，自云'未見王肅本'。王鏊《震澤長語》亦稱《家語》今本，爲近世妄庸所删削。惟有王肅注者，今本所無多具焉，則亦僅見之也。明代所傳凡二本，閩徐家本中缺二十餘頁，海虞毛晋家本稍異，而首尾完全。今徐本不知存佚，此本則毛晋所校刊，較之坊刻，猶爲近古者矣。"①

---

① 《四庫全書總目提要》卷九一。

從國內現有注本看,明代學者黃魯曾、何孟春、陸治、吳嘉謨、夏允彝等人都對《孔子家語》進行過注釋整理,其中何孟春注本、黃魯曾注本等影響較大。何孟春補注了《孔子家語》,傳承和延續了元代王廣謀注本體系。明嘉靖三十三年黃魯曾覆北宋本《孔子家語》,正文最後有黃魯曾所作《孔子家語後序》,基本保持了王肅注本的原貌,是王肅注本體系傳承的產物,成爲當今廣泛使用的《孔子家語》底本,影響較大。另外,明代人吳嘉謨編校整理了《孔子家語圖》,該書十一卷,卷一爲孔子圖録,正文選用王文恪所録王肅四十四篇本《孔子家語》。流入異域已知的版本有日本寬永十五年(明崇禎十一年)風月宗智刻本等。

有清一代,陳士珂、范家相、江兆錫、孫志祖等人對《孔子家語》進行了疏證和闡發。當時王肅注十卷本、汲古閣本、盧文弨校補本等均比較流行,版本形式包括了注釋本、選注選評本、韻讀本、節略本、輯佚本、集注本等。但有影響的版本不多,今天我們所見到的版本仍以元、明爲多。此外,日本的《孔子家語》版本中,太宰純本較爲著名。

近代以來,上海中華書局、湖北崇文書局、上海掃葉山房、上海商務印書館等又用影印、鉛印、石印等方式出版了不同的《孔子家語》版本。各種《家語》版本中,岡白駒本、影宋本、毛晉本、黃魯曾刊本被認爲是可供研究者利用的善本。

隨着學術的發展、地下文獻大量出土及簡牘帛書的釋讀,學術界對《孔子家語》有了新的不同認識。當代的《孔子家語》研究主要集中在史料研究、價值研究、版本研究、思想文化研究等幾個方面。第一,《孔子家語》的史料研究,主要集中在《孔子家語》材料源流和真僞的考辨上。20 世紀 70 年代考古文獻的出土,爲《孔子家語》研究帶來了新的契機,學界開始重新探討《孔子家語》的史料來源、真僞問題,並基本認定了《孔子家語》非僞書的研究結論,終於爲《孔子家語》沉冤昭雪、正本清源。研究《孔子家語》史料來源的論文有李學勤《竹簡〈家語〉與漢魏孔氏家學》(《孔子研究》1987 年第 2 期),朱淵清《阜陽雙古堆 1 號木牘劄記二則》(《齊魯學刊》2002 年第 4 期),龐樸《話説"五至三無"》(《文史哲》2004 年第 1 期)等。

第二,《孔子家語》的價值研究,主要集中在探討《孔子家語》的文獻價值和意義。王承略《論〈孔子家語〉的真僞及其文獻價值》(《煙臺師範學院學報(哲學社會科學版)》2001 年第 3 期)對《孔子家語》的價值進行了深入研究,認爲雖經過王肅的改易和添加，但今本的大部分內容尚保持着劉校本原貌，保存了獨一無二、準確可靠、比較原始的文獻資料，具有重要的史料價值和研究意義。文章認識深刻、辨析入裏，起到了指引方向、振聾發聵的作用。在《孔子家語》的價值辨析上，楊朝明《出土文獻與〈孔子家語〉僞書案的終結》（《孔子家語通解》，臺灣萬卷樓出版公司 2005 年版）認爲，對於今天的孔子研究來説《孔子家語》的價值並不在《論語》之下。張濤《關於〈孔子家語〉的一點認識》（《山東圖書館季刊》1998 年第 3 期）認爲就文獻價值而言，《孔子家語》有許多地方明顯勝於其他相關古籍，可用來勘正史實、文字，彌補記載的疏略，這些論説很有見地。

　　第三，《孔子家語》的版本研究，即對版本流傳和保存情況進行探討。由於歷史上長期存在的"僞書説"影響，《孔子家語》版本多而複雜，但真正的善本卻很少。趙燦良、常佩雨、寧鎮疆等人考辨版本，評價優劣。趙燦良認爲太宰純本、岡白駒本、影宋本、毛晉本爲善本（《〈孔子家語〉研究》，吉林大學 2007 年碩士學位論文）。常佩雨對《孔子家語》歷史上的版本著録情況和現存版本進行了研究，認爲明代以前的版本比較簡單，清代以後則漸趨複雜（《〈孔子家語〉版本敍録》，鄭州大學 2008 年碩士學位論文）。寧鎮疆將不同版本進行比較，認爲劉氏玉海堂本與汲古閣刊本雖同出於毛氏舊藏，但劉本前半多將後人的校語或按語誤認爲王肅注文，汲古閣刊本則多有據他書校改正文者。比較之下，黃魯曾刊本雖偶有殘缺，但源出甚早，版本學特徵較純粹（《今傳宋本〈孔子家語〉源流考略》，《中國典籍與文化》2009 年第 4 期）。

　　第四，《孔子家語》的思想研究，主要從思想文化、文學文字等角度展開。政治思想是孔子思想的核心，孫海輝從歷史學角度比較了老子天道觀與孔子政治思想的異同（《孔子與老子關係研究》，曲阜師範大學 2004 年碩士學位論文）。鄧瑩探討《孔子家語》中的儒家政治思想，並分析其文學價值及語言特色（《〈孔子家語〉研究》，中央民族大學 2011 年博士學位論文）。鮑靜從文字學入手對傳世版本進行了校勘、比較（《〈孔子家語〉校勘辨析》，山西大學 2010 年碩士學位論文）。

　　除了論文和論著成果，學者們還在版本整理、注釋注譯、影印出版等方面開展工作。在影印出版方面，主要有全國圖書館文獻縮微複製中心出版的《孔子家語文獻輯録》8 册，收入版本 14 種，爲《孔子家語》版本首次系統影印。《四庫全書》《續修四庫全書》《四庫存目叢書》《四部叢刊》《四部備要》《叢書集成》等大型叢書中的《孔子家語》文獻也基本影印出版。版本整理方面，出現了1990年復旦大學出版社的《孔子——周秦漢晋文獻集》，1991年山東友誼出版社的《孔子文化大全》，1997年遼寧教育出版社的廖名春、鄒新明校點《孔子家語》。在注釋、注譯方面，有1995年北京燕山出版社的劉樂賢編《孔子家語》，1998年三秦出版社的張濤《孔子家語注譯》，1998年廣西師大出版社的王德明《孔子家語譯注》。楊朝明成果豐富，有2005年臺灣萬卷樓圖書股份有限公司出版的《孔子家語通解》，2008年河南大學出版社的注説版《孔子家語》，及2013年齊魯書社出版的《孔子家語通解》。其中《孔子家語通解》集原文、注釋、通解、論證於一體，有利於《孔子家語》研究向縱深發展。

　　以上整理研究成果爲《孔子家語正印》的整理和研究打下了堅實基礎，然而，當前不能忽視的問題是《孔子家語》國内現存版本駁雜，善本較少。宋版《孔子家語》以其精校精刊成爲明清競相翻刻的底本，如明嘉靖年間黃魯曾覆北宋本《孔子家語》，及清汲古閣影宋蜀刻大字本。明覆宋本雖是目前流通最廣之本，但其版本品質不盡如人意，尤其後幾卷脱漏甚多；而宋蜀本系統則駁雜拼合，尤其前二卷之注多有將後人校記語誤入者。善本、珍本的缺乏不得不説是進一步研究《孔子家語》的重大阻礙和絆腳石。相較國内情況，一些具有較高價值的珍本善本則一直存留海外，尤其日本頗多，如已知的日本寬永十五年風月宗智刻本（明崇禎十一年）、元文元年（1736）太宰純《增注孔子家語》（寬保二年即1742年重刊）等。正所謂“他山之石，可以攻玉”，日本的《孔子家語》版本尤其是流傳到日本的中國珍本、善本，顯示出了獨特的優勢和極高的價值。《孔子家語正印》正是珍藏於日本的獨一無二的珍本，對其進行整理研究，不僅可以增添一種重要傳本，同時對於拓展《孔子家語》研究具有重大意義和價值。

（二）《孔子家語正印》版本源流

　　《孔子家語正印》接續了元代劉祥卿本，成爲與何孟春本、黃魯曾本不同的注本體系，在注本源流系統方面有重要價值。元代流傳的版本主要有王肅注《孔子家語》十卷本、王廣謀注本和元朝至正二十七年劉祥卿家刻本。明代接續元代版本體系繼續發展，黃魯曾覆北宋本《孔子家語》，是王肅注本體系傳承的產物；王廣謀本在元代流傳甚廣，明代接續流傳，《欽定天禄琳琅書目》《千頃堂書目》《經義考》等均有王廣謀本的記載。何孟春補注王廣謀本，延續和傳承了元代王廣謀的注本體系。而元代兩大版本系統中的另外一支劉祥卿家刻本，到了明代也仍然有着較强的生命力，《孔子家語正印》正是接續發展了劉祥卿家刻本，代了了明代《孔子家語》的另一個重要注本系統。《孔子家語正印》和何孟春本一道，傳承了元代劉祥卿本、王廣謀本這兩大注本體系，使《孔子家語》在明代繼續流傳並進一步深化發展，而王肅本在明代的影響力則不及以上兩個版本系統。

（三）底本與校本的確定情況

本書選擇的底本，是日本内閣文庫藏明天啓三年（1623）怡慶堂余完初刻本，該本三卷，2017 年由《子海珍本編》影印出版。該本不見於《中國古籍善本書目》，極爲珍貴。《孔子家語正印》由明代禮部尚書顧錫疇注釋，翰林院編修、禮部尚書孔貞運評論，翰林院編修文震孟作序，全書共 3 卷 44 篇（自“相魯第一”至“弟子解第四十四”），序文 1 篇，序文後有 20 幅反映孔子生平重大事件的版畫，再次爲世系、卷首、正文。版式爲左右單邊，半頁九行二十一字，白口，版心上、中、下分別標有書名、卷數和頁碼。正文單行大字，注釋雙行小字。頁面分欄，原文和注釋在下，上方對應原文進行評論。《孔子家語正印》槧刻精審，清晰美觀，可稱善本。刊版者怡慶堂余完初，在萬曆天啓間刻書多種，當爲建陽地方書坊坊主。

本書所選擇的校本之一，爲嘉靖三十三年（1554）黄魯曾覆宋本，江南圖書館藏，該本十卷。民國八年（1919）上海商務印書館（上海涵芬樓）影印出版。後 1989 年 3 月上海書店據商務印書館 1926 年版印行。該本原版版框高五寸三分，寬四寸三分，署“歲甲寅端陽望，吴時用書，黄周賢、金賢刻”。目錄前有王肅序。版式爲左右雙邊，半頁九行十六字，白口，版心上下分別標有書名和卷數。正文單行大字，注釋雙行小字。由於來源於宋本，黄魯曾又進行了校讎，使其版本源出較早，内容忠於王本，準確度較高，錯漏較少，因而受到後代乃至當今學者的青睞。黄魯曾在《孔子家語後序》中説道：“余頗惜王肅所注之少播於世，力求宋刻者而校讎之，僅得十七八。雖宋刻亦有訛謬者也。”可見明代王肅傳本極少，黄魯曾覆宋本顯得尤爲珍貴。有學者認爲，就目前所知材料來看，此本是明代王注《家語》十卷最早行世且流傳至今者。[1]當代的許多《孔

---

[1]　寧鎮疆《今傳宋本〈孔子家語〉源流考略》，《中國典籍與文化》2009 年第 4 期，第 8 頁。

子家語》刊本或注本均以此爲底本。

所選擇的校本之二，爲元至正二十七年(1367)清泉劉祥卿家刻本，該本十卷四十四章，北京圖書館收藏，《續修四庫全書》影印出版。該本版框高160毫米，寬204毫米。目録前有序。版式爲左右雙邊，半頁十行十九字，小黑口，雙魚尾，版心上下魚尾内均標有卷數。正文單行大字，注釋雙行小字，上部有較窄分框，框中對應正文評論。該本錯漏較少，篇目順序和内容與王肅本存在一定差異，注釋與王肅本差異大，且有評語，應屬完全不同於黃魯曾本的另一個《孔子家語》注本體系。評語十分簡略，多是以直音法對生僻字注音，個别處標注聲調。劉祥卿本字體清晰，由於是元代家刻本，刻印精細程度一般。

所選擇的校本之三，爲明正德十六年(1521)何孟春刻本，該本八卷四十三章，中國歷史博物館收藏，《四庫全書存目叢書》影印出版。正文前有何孟春序，林俊題辭，及黃鞏的注跋。版式爲四周單邊，半頁十行二十字，小黑口，版心上下分别標有卷數和每卷重新編號的頁碼。正文單行大字，注釋雙行小字。該本錯漏很少，篇目順序和正文與王肅本有一定差異，注釋與王肅本差異較大。何孟春在序中表示因不滿王廣謀《標題句解孔子家語》"正文漏略"，注釋"庸陋荒昧，無所發明"，遂撰《孔子家語注》八卷。此本是對王廣謀本的提升，屬元代王廣謀注本體系，是不同於王肅本的另一個注本系統。何孟春本字體清秀，刻印工整清晰，疏密有致，可以看出明代刻工技藝的進步。正德年間託付建甯郡伯張公瑞梓行。①

綜上所述，《孔子家語正印》以其獨一無二的版本特徵，細緻精美的刻印，簡練清晰、蘊含深刻的注評，接續了元代劉祥卿家刻本，完善了明代的《孔子家語》版本體系，代表了由元到明《孔子家語》的一個重要注本系統，具有重要的版本價值和研究價值。在本書整理過程中，由於才疏學淺，一些訛誤和缺陷難以避免，敬請諸位方家批評指正。

---

① 杜澤遜《四庫存目標注》，上海古籍出版社，2007年版。

家語正印敘

噫嘻！上都人士好古矣，而不知古之古；嗜奇矣，而不知奇之奇。秦漢而下，唐宋已上，若《左》《國》，若《史》《策》，注精而研，曰古矣古矣；若《莊》《騷》，若《荀》《列》，冥神而會，曰奇矣奇矣。至《家語》一書，乃孔素王生平履歷，無不備紀。其間與諸門徒譚學術，聞見知之道統已涵；與列國君闡政治，先後天之治統自著。誠時中集千聖大成，木鐸開萬古長夜。凡所刪述著作，固已家傳户誦，若日月中天而江河行地矣。而此編綱分緒悉，其辭旨雍雅，尤參之典謨訓誥，絕非炫虛吊詭，不必古，不必非古；不必奇，不必非奇。況解釋出于顧先生，評林成自孔太史，是又合《左》《國》《史》《策》之神氣，融《莊》《騷》《荀》《列》之名理，而爲一者也。顏之曰“家語正印”，即謂闕里真傳可也。是梓出，令人人沐不斬之教澤，不大有功于私淑云。

天啓三年孟夏，長洲湛持文震孟題

序

先聖世系

仁山金氏曰:宋殷後子姓,自微子、微仲五傳而至哀公。熙生弗父何,以有宋讓弟厲公,而世爲宋卿。何生宋父周,周生正考父,正考父生孔父加。①五世親盡,別爲族。一曰孔父者,生時所賜姓也,子孫遂以爲氏。孔父生木金父,金父生畢夷,畢夷生防叔。自孔父爲宋督所殺,子孫避禍奔魯。防叔生伯夏,伯夏生叔梁紇。紇之妾生伯皮,有疾焉,爲孔子之兄。又娶聖母顏氏,名徵在。生孔子,故名丘,字仲尼。生時二龍遶室,五老降庭,鼓吹隱隱,自空中下。以周靈王二十一年庚戌歲生,敬王四十一年壬戌夏四月己丑卒,葬泗水上。唐玄宗謚爲“文宣王”,宋真宗加謚“至聖”二字,大元加謚“大成至聖文宣王”。子鯉,字伯魚,過庭之訓。孫伋,字子思,受道曾子,作《中庸》一書。【評】夫子,其先宋人殷微子,聖人裔也。至叔梁紇,因伯皮有疾,方娶顏氏。生夫子,應尼山之祝。而其生其沒,俱以麟爲瑞。誠生民未有之盛,子若孫宜其正脈相傳云。

素王異質

黃庭廣記曰:先聖生有異質,凡四十九表:反首,洼面,月角,日準,河目,【注】上下眶平而長。河口,斗脣,昌顏,均頤,輔喉,駢齒,龍形,龜脊,虎掌,駢脅,參膺,圩項,山臍,林背,翼臂,注頭,阜脥,堤眉,地足,谷竅,雷聲,澤腹。面如蒙倛,手垂過膝。眉一十二彩,目六十四理。立如鳳峙,坐如龍蹲。手握天文,足履度字。望之如仆,就之如升。修上趨下,末僂後耳。視若營四海,耳垂珠

---

① “孔父加”,一作“孔父嘉”。

庭。胸有文曰"制作定世符"，身長九尺六寸，腰大十圍。【評】大抵聖人之生，厥有異質。況孔子尤出類拔萃，而爲生民未有之盛者乎。其古今間氣山岳鍾靈，宜如是也。

先聖履歷

一歲至三十歲在魯。三歲父叔梁紇卒。【評】其髫少時，舉動已不類于群兒，已見聖神迥異處。十九歲娶宋亓官氏①。二十歲生鯉，爲乘田委吏。二十四歲母顏氏卒。二十七歲適郊。二十九歲適晋學鼓琴。三十四歲適周問禮於老聃，訪樂於萇弘，反魯。三十五歲適齊，留七年又去，適周，留齊共七年。四十二歲反魯，留十四年。五十一歲爲中都宰。五十二歲爲司空，又爲司寇。五十六歲攝行相事，與聞國政三月而魯大治。齊歸女樂，桓子受之，郊，又不致膰俎於大夫，遂適衛。十月，去衛過匡，匡人圍之；過蒲，復反衛；去衛過曹，適宋；司馬桓魋欲害之，去宋適鄭。五十七歲自鄭適陳，留三年。五十九歲適衛，去，適晋，及河，復反衛，如陳，留一年。六十一歲自陳適蔡。六十二歲自蔡如葉，復去葉反蔡。六十三歲陳留、蔡間。楚昭王聘之。陳、蔡大夫發徒圍于野。適楚，不用，反衛。六十四歲在衛，留五年。【評】其中年、壯年周游歷國，以道大莫容，而老于途。乃天使之木鐸四方，君師萬世②，非窮聖人也。六十六歲夫人亓官氏卒③。六十八歲魯以聘迎孔子，遂自衛反魯，不仕。乃序《書》傳《禮》，删《詩》正《樂》，贊《易》修《春秋》。六十九歲子伯魚卒。七十一歲感獲麟而《春秋》絕筆。【評】老來刪述六經，欲傳道于來世，此所以賢于堯舜，而百王讓功，千聖讓德也。七十三歲夏四月己丑日卒，五月葬魯城北泗水上，弟子皆服心喪，三年而去，惟子貢反，築廬於塚上，凡六年。

至聖先師贊

道集大成，德配兩儀。功高千聖，業冠百王。相魯三月，豚羔一價。男女分塗，會齊夾谷。景公謝過，來歸三田。去亂政之正卯，墮强臣之費郈。《春秋》成而狩麟應瑞，六經述而萬世爲王。【評】不出數言，而夫子生前死後讚頌幾盡，讀此誠可覘至聖先師大略矣。

①③　"亓"，原文作"開"。
②　"萬"，原文漫漶不清。

至聖後裔

白。【注】子上。求。【注】子家。箕。穿。【注】子高。順。鮒。襄。忠。延年。霸。福房。均。【注】光武封。志。損。曜。元。美。震。巖。撫。穀。鮮。【注】宋朝封。乘。靈珍。文泰。【注】北齊封。渠。長孫。【注】隋封。嗣哲。德倫。【注】唐封。崇基。璲之。萱。齊卿。惟房。榮。昭儉。光嗣。仁王。宣。【注】宋朝封。延世。聖佑。宗愿。若盧。端友。

先聖之後世爲曲阜令，襲封文宣公。至宋仁宗朝，改襲封衍聖公。今我皇明，仍宋封爵。【評】夫子之澤在生民，且萬世不斬，況子孫乎？固宜。其至今有榮施，天之所以報至聖者尚有艾乎？

卷一

相魯第一

【注】魯定公二年，夫子由司空爲司寇，攝行相事，會夾谷，而歸齊侵地。市無餙價，行别於途，三月而大治。

孔子初仕，爲中都宰。【注】中都，魯之屬邑。制爲養生送死之節。【注】生有養，死有葬，各定其節，使之無過不及也。【評】首紀聖人相魯之政，而王道之大本立矣。長幼異食，【注】老少所食不同。禮，年十五異食。①强弱異任，【注】任謂力作之事，各從所任，不用弱者也。男女别塗，路無拾遺，【注】道上失物，人不敢取。器不雕僞。【注】器尚朴質，不事餙詐。【評】養生之節。爲四寸之棺，五寸之椁，因丘陵爲墳。【注】因地勢高下爲界。不封不樹，【注】聚土爲墓曰封，植木於傍曰樹。【評】送死之節。行之一年，而四方之諸侯則焉。②【注】則，法也。【評】此見教化及人之速也。

定公謂孔子曰："學子此法，【注】斆子治中都之法。以治魯國，何如？"孔子對曰："雖天下可乎，何但魯國而已哉！"【注】孟子曰："好善優於天下，而況魯國乎？"正此意也。於是二年，定公以爲司空。乃别五土之性，【注】一曰山林，二曰川澤，三曰丘陵，四曰墳衍，五曰原隰，此五土之性也。而物各得其所生之宜，咸得厥所。【注】所産皆得其地。【評】周官之制，司空掌邦土，居四民，時地利。

先時季氏葬昭公于墓道之南，【注】先季平子逐魯昭公，死于乾侯，平子别而葬之，貶

---

① "十五"，明黄魯曾覆宋本（以下簡稱黄魯曾本）作"五十"。

② "四"，黄魯曾本、元劉祥卿家刻本（以下簡稱劉祥卿本）、明何孟春注本（以下簡稱何孟春本）均作"西"。

之，不使近先公也。言葬不近祖墳，季氏如此。**孔子溝而合諸墓焉。**【注】子乃使開昭公墓，移合葬於衆公之墓。**謂季桓子**【注】季桓，平子之子也。**曰："貶君以彰己罪，非禮也。**【注】言平子別葬昭公，是貶君之過，以彰子之罪，非理之所宜也。**今合之，所以揜夫子之不臣。"**【注】所以蔽平子不臣之罪。夫子，指平子也。【評】此舉非惟諱魯君，且以爲季氏諱，何等曲當。**由司空爲大司寇，設法而不用，無奸民。**

　　定公與齊侯會于夾谷，孔子攝相事，曰："臣聞有文事者，必有武備；有武事者，必有文備。古者諸侯並出，疆官以從，①【注】必具文臣武職以相隨。**請具左右司馬。"定公從之。**【評】司寇掌邦禁，詰奸慝，刑暴亂。《尚書·説命》曰："事事乃有備，有備無患。"**至會所，**【注】同至夾谷所會之地。**爲壇位，土階三等，以遇禮相見，**【注】遇禮，簡略之禮也。**揖讓而登，**【注】賓王揖，遜而登，位南。**獻酢既畢，②齊使萊人，**【注】萊人，東夷之人。**以兵鼓譟劫定公。**【注】用兵鼓張威，以懼定公之故。**孔子歷階而進，以公退，曰："士以兵之，吾兩君爲好，**【注】脩禮也。**裔夷之俘，**【注】裔，邊塞之人夷狄也；俘者，陣中之人也。**敢以兵亂之，非齊君所以命諸侯也。**【注】謂非齊侯所以與諸侯脩好之體也。**裔不謀夏，夷不亂華，俘不干盟，**【注】俘虜之人不得與盟會之所。**兵不偪好，**【注】兵威不得近脩好之所。**於神爲不祥，於德僭爲義，③**【注】在德爲愆之義。**於人爲失禮，君必不然。"**【評】有萬夫辟易之威風，誠文武合一而用者也。**齊侯心怍，**【注】齊侯聞夫子之言，其心愧怍。**麾而避之。**【注】使萊人等退避。【評】按高氏曰："孔子夾谷之事，人可能也；而使大國悔過、效順，所不可能也。此修誠之至，崇德之事感於人之天，與舜之舞干羽而有苗格同。"**有頃，齊奏宮中之樂，排優侏儒戲於前。**【注】俳優，雜劇之人；侏儒，矮人，呈戲於兩君之前也。**孔子趨進，歷階而上，不盡一等，**【注】等，階級也。**曰："匹夫熒惑諸侯，④罪當誅，⑤請右司馬速加刑焉。"於是斬侏儒，手足異處。⑥齊侯懼，有慚色。**【評】司馬掌邦政，統六師，平邦國，故夫子命之。所以立夷夏之防，明嘉會之典在此。

　　將盟，齊人加載書，【注】齊人乃執書，加于誓書上。**曰："齊依出境，⑦**【注】言齊三軍

---

① "古者諸侯並出，疆官以從"，黃魯曾本、劉祥卿本、何孟春本均作"古者諸侯並出疆，必具官以從"。

② "獻"，原脱，據黃魯曾本、劉祥卿本、何孟春注本補。

③ "僭爲"，黃魯曾本、劉祥卿本、何孟春本均作"爲愆"。

④ "惑"，黃魯曾本、劉祥卿本、何孟春本均作"侮"。

⑤ "當"，黃魯曾本、劉祥卿本、何孟春本均作"應"。

⑥ "手足異處"，原脱，據黃魯曾本補。

⑦ "依"，黃魯曾本、劉祥卿本、何孟春本均作"師"。

出境界。而不以兵車三百乘從我者，不如此盟。"①孔子使兹無還【注】兹無還，魯大夫也。對曰："而不返我汶陽之田，【注】言汝不還前時所侵過魯國汶陽之田。吾所供命者亦如之。"②【注】我使齊，供我之臣亦不得還齊，亦如齊之盟年。齊侯將設享禮，孔子謂梁丘據曰："齊魯之故，吾子何不聞焉？事既成矣，【注】盟事已成。而又享之，是勤執事。且犧象不出門，【注】夫犧象之尊，在法不出門。嘉樂不野合。【注】樂之嘉者不於野外奏合。享而既具，是棄禮，【注】享禮太過，則失其禮。若其不具，是用粃稗。③【注】粃，穀不成。稗，似禾之草。④用粃稗君辱，【注】禮用粃稗，則君受辱。棄禮名惡，子盍圖之！【注】子，指丘據也，言後何不謀之。【評】古制，天子建邦設教，有分土無分民，強不得凌弱，衆不得暴寡，齊恃強衆而侵魯之四邑，是違天子之制矣。夫享，所以昭德也，【注】燕禮者，明其德也。不昭，不如其已。"【注】享不明德，不如不享。乃不果享。【評】夫享燕禮，用昭德也，齊之棄禮滅德，何以享爲？故子阻之。

齊侯歸，責其群臣曰："魯以君子之道輔其君，【注】魯國之臣用君子之道以佐其主。而子獨以夷狄之道教寡人，使得罪。"於是乃歸所侵魯之四邑，及汶陽之田。

孔子言於定公曰："家不藏甲，【注】卿大夫之家，不得蓄兵甲。邑無百雉之城，【注】城三堵曰雉，縣有百雉，過制也。古之制也。今三家過制，【注】三家：孟孫、叔孫、季孫也。過制，樂城於邑。⑤請皆損之。"乃使季氏宰仲由隳三都。【注】子路爲季氏宰，孔子使壞三家之都城。叔孫不得意於季氏，因費【注】音秘。宰公山弗擾率費人以襲魯。【注】紏率費邑之人民舉兵，以襲魯國也。孔子以公與季孫、⑥叔孫、孟孫，入于費氏之宮，登武子之臺；費人攻之及臺側，⑦孔子命申句須、樂頎勒士衆下伐之，【注】孔子使二人率衆下臺伐之。費人北，【注】殺敗曰北。遂隳三都之城。強公室，【注】尊魯國。弱私家，【注】弱三家。尊君卑臣，政化大行之。【評】觀齊侯之歸，責其臣而還所侵地于魯，聖德之感人有如此者。夫子一攝相事即斬侏儒以杜亂階，墮三都以強公室，阻棄禮之燕，返汶陽之田，其收績鑿鑿。可見所謂期月而可者，豈謬言哉？

---

① "不"，黃魯曾本、劉祥卿本、何孟春本均作"有"，當作"有"。
② "所"，黃魯曾本、劉祥卿本、何孟春本均作"以"。
③ "稗"，原作"糠"，文義不通，疑爲"稗"之誤，據黃魯曾本改。
④ "稗"，原作"糠"，據黃魯曾本改。"糠"前衍一"粃"字，黃魯曾本注曰："粃，穀之不成者。稗，草之似穀者。"據其意改。下"稗"同。
⑤ "樂"，當爲"築"之誤。
⑥ "公"，原脱，據黃魯曾本、劉祥卿本、何孟春本補。
⑦ "及"，原脱，據黃魯曾本、劉祥卿本、何孟春本補。

初，魯之販羊有沈猶氏者，常朝飲其羊，以詐市人。【注】沈猶氏販羊爲生，每朝飲其羊，以欺詐市人。有公慎氏者，妻淫不制。【注】公慎氏妻子淫亂，不能檢制。有慎潰氏者，奢侈踰法。【注】慎潰氏奢華侈靡，過越常法之外。魯之鬻六畜者，飾之以儲價。【注】六畜者，牛、羊、犬、馬、豚、猫之類，虛飾高價以待鬻賣于人。及孔子之爲政也，則沈猶氏不敢朝飲其羊，公慎氏出其妻，慎潰氏越境而徙。三月，則鬻牛馬者不儲價，賣羔豚者不加飾。①【注】夫子爲政三月，境內賣牛馬羔豚者，不加飾價以欺人。男女行者別其塗，道不拾遺，男尚忠信，女尚貞順。【注】男子主忠信以行于外，女子尚貞順以守于內。四方客至於邑者，不求有司，皆如歸焉。【注】當時四方客至者，不待求之有司，皆獲旅次之安，其化行俗美如此。【評】觀公慎氏出妻，而淫亂之俗革；慎潰氏越境，而侈靡之風除。至於物不飾價，而何樓之僞無有矣；道不拾遺，而崔符之患無有矣。

始誅第二
【注】少正卯，魯之聞人也，夫子攝相七日即誅之，以其奸雄亂政，所謂刑此一人，而千萬人懼者，此也。

孔子爲魯司寇，【注】定公十四年。攝行相事，有喜色。仲由問曰："由聞君子禍至不懼，【注】言氣足以配道義，故禍至不恐懼也。福至不喜，【注】言外物無以動其心，故福至不喜也。今夫子得位而喜，何也？"孔子曰："然，有是言也。不曰樂以貴下人乎？"【注】言不以位爲樂，而以下人爲喜也。【評】夫子之喜非喜其位也，喜其道之得行也。於是朝政七日，而誅亂政大夫少正卯，【注】少正卯，魯國詹之人也，爲大夫亂政，故夫子戮之。戮之于兩觀之下。尸於朝三日，【注】懸尸於朝有三日之久，所以示惡懲衆也。子貢進曰："夫少正卯，魯之聞人也，今夫子爲政，而始誅之，或者爲失乎？"【注】託或人言夫子得無有過失歟？孔子曰："居，吾語【注】音御。汝以其故。②天下有大惡者五，而竊盜不與焉。【注】竊取偷盜之事不在五者之列也。【評】憸壬惻媚之徒能蠹國危君，其惡之多端，有浮於竊盜者。一曰心逆而險，【注】處心逆詐。二曰行僻而堅，【注】行僻貴乎能改，今則偏執而堅，苟安不改，如此則不至於敗乃公事者未之有也。三曰言僞而辯，【注】所言欺僞且又文詐。四曰配醜而博，③【注】所行非義，其惡爲天。五曰順非而飾，④【注】順意爲

---

①　"羔"，黃魯曾本作"羊"。
②　"以其故"，原脫，據黃魯曾本、劉祥卿本補。
③　"配"，黃魯曾本、劉祥卿本作"記"。
④　"飾"，黃魯曾本、劉祥卿本作"澤"。

非，强文其過。此五者，有一於人，則不免君子之誅，而少正卯皆兼有之。【注】言其五惡俱全。其居處足以撮徒成黨，①【注】其居處與小人同群，相會聚集，則邪道漸長矣。其談說足以飭襃榮衆，【注】言論襃揚，榮耀衆人。其强禦足以反是獨立，【注】剛强抗禦，反非爲是，獨立不改。此乃人之奸雄者也，【注】奸雄云者，言其惡之大也。不可以不除。【評】按少正卯五惡俱全，王法所不赦者，夫子急除之。如此則凡有禅於君國子民者，無不舉矣，宜乎章甫之頌云。夫殷湯誅尹諧，文王誅潘正，周公誅管、蔡，太公誅華士，管仲誅付乙，子産誅史何，凡此七子，②皆異世而同誅者。【注】異世，言其人不同時；同誅，言其皆除惡也。夫子引之以見正卯之惡，不容以不誅也。詩云：'憂心悄悄，愠于群小。'小人成群，斯足憂矣。"【注】以其大而忘國敗家，小而妨賢病國，斯足以爲憂矣。【評】夫子引此七者，以見少正卯之惡不容不誅也。

孔子爲魯大司寇，有父子訟者，夫子同狴執之，【注】父子同囚於獄。三月不別，【注】囚之三月，不與辨其是非。其父請正。【注】其父於夫子求正其訟。夫子赦之焉。【注】不教而殺謂之虐，故夫子赦之故也。季孫聞之不悦，曰："司寇欺余。曩告余曰'國家必先以孝'，【注】孝者百行之原，故國家必以孝爲先務。余今戮一不孝以教民孝，不亦可乎？而又赦，何哉？"冉有以告孔子，孔子喟然嘆曰："嗚呼！上失其道，【注】在上之人失其教民之道。而殺其下，【注】而殺戮其下民，不能閔哀，其無教之素至此也。非理也。【注】殆非治國之道。【評】曾子曰："上失其道，民散久矣，如得其情，則哀矜而勿喜。"正與夫子之意同。不教以孝，【注】民可使由之，上既不教其民，徒聽其訟不可也。而聽其獄，是殺不辜。【評】《虞書》曰："與其殺不辜，寧失不經。"聖人用刑之仁如此。

三軍大敗，不可斬也。【注】勿責其敗而斬。獄犴不治，【注】牢獄不什。不可刑也。【注】不可施刑於人。何者？上教之不行，罪不在民故也。【評】不罪民而罪己，最得治體。夫慢令謹誅，賊也。【注】傲慢君令，專於殺者，謂之賊也。徵斂無時，暴也。【注】征斂不時取民者，謂之暴。不試責成，虐也。【注】不試用於民，責其有成者，則謂之虐。政無此三者，然後刑可即也。【評】此即《舜典》"欽哉，欽哉，惟刑之恤"之意。

《書》云：'義刑義殺，【注】刑殺皆合乎大義之正。勿庸以即汝心，【注】勿用以就爾心之所虜。惟曰未有慎事。'【注】惟言未有順。言必教而後刑也。【注】言必先教民，教之不行，而後殺之可也。既陳道德以先服之，【注】既施道德以服乎民。而猶不可；【注】而民尚

---

① "撮徒"，原作"椒桗"，"椒"，劉祥卿本同，黃魯曾本作"撮"。"桗"，爲刻工誤字，黃魯曾本、劉祥卿本作"徒"，據改。
② "凡"，劉祥卿本同，黃魯曾本作"是"。

不可服。尚賢以勸之,【注】任用賢才之人以勸諭之。又不可;【注】勸又不從。即廢之,又不可;【注】棄又不從。然後以威憚之,【注】用嚴威以懼之。若是三年,而百姓正矣。其有邪民不從化者,然後待之以刑,【注】殺也。則民咸知罪矣。【評】道德者,化民之本;刑者,輔治之末也。

《詩》云:【注】《小雅·南山》之篇。'天子是毗,【注】毗,輔也,以此教民之道,輔於天子。俾民不迷。'【注】使百姓不迷惑。是以威厲而不試,【注】於是刑法雖嚴,不用施於民。就錯而不用。①【注】刑置而無所施。今世則不然,【注】今不如古。亂其教,【注】教法紛亂。繁其刑,【注】犯刑者多,用刑亦多。使民迷惑而陷焉,【注】使百姓昏蒙陷於刑罰。又從而制之,【注】又用法以制之。故刑彌繁,【注】於是刑法愈多。而盜不勝也。"【注】而民為盜者不可勝數。【評】聖人用刑,期于無刑。非若後世秦法之多如秋荼,密如凝脂,而民不知避也,漢吏之搏如猛虎,擊如蒼鷹,而民不知畏也。則尚殺不如尚德明矣。②

王言解第三

【注】王出言善不善,千里外應違係之。曾子未得其解,因夫子閒居而請問焉,故曰"王言解"。

孔子閒居,【注】私居閒暇之時。曾子侍。孔子曰:"參乎,今之君子,唯士與大夫之言聞也。【注】但聞有官之大夫與出仕之人言語。至於君子之言者希。【注】希,少也。君子之言少聞也。於乎!【注】音嗚呼,嗟嘆之詞。吾以王言之,【注】我以王者之言語爾。其不出戶牖而化天下。"【注】王者正言不必出戶庭,而天下自從王者之化。【評】此君子答問之教。

曾子下席而對曰:"敢問何謂王者言?"孔子不應。【注】不應者,有難於言者。曾子肅然而懼,【注】肅然,恐懼之貌。摳衣而退,負席而立。【注】倚所坐之位而起身聳立。【評】《禮》曰:"王言如絲,其出如綸。"如其善也,則千里之外應之;其未善也,則千里之外違之。

有頃,【注】頃刻之間。孔子顧謂曰:【注】謂曾子言之。"參,汝可語明王之道與?"【注】汝參還可與言明王道否?曾子曰:"非敢以為足也,【注】不敢自足可為王道。請因所

---

① "就",黃魯曾本、劉祥卿本均作"刑"。

② "秦之法多如秋荼,密如凝脂,而民不知避也",此明代何景明語,出自《大復集》卷三十。何語後曰:"漢之吏搏如猛虎,擊如鷙鷹,而民不知畏也。故不示而究人之罪,是為刻而已矣,非所以格民也。故嚴父無姑息之子,嚴君無姑息之民。故三王之民殺之而不怨。夫非罔之而罹其罪者,則罪在己而不尤其上也。又何怨乎?"評語有所借鑑。"不如"上一字漫漶不清,據正文及何景明語判斷,應為"殺"字。

聞而學焉。"【注】請因夫子所言，聞而學之。子曰："夫道者，所以明德也。【注】人所通行之謂道，足於己之謂德。依道而行者，所以昭吾之德也。德者，所以尊道也。【注】人之有德，所行之道乃尊重耳。是以非德道不尊，【注】人無德則道不尊。非道德不明。【注】非尊道而行，則不明其德。【評】將道、德作合一相成，亦聖人大作用机權。是故昔者明王，【注】古之賢王。內脩七教，【注】在內則修其教法，有七件。外行三至。【注】在外則行三至之道。至者，窮極之理。七教脩，然後可以守；【注】明王修七教，則可以守國。三至行，然後可以征。【注】三至既行，可以征伐。故曰：內脩七教，而上不勞；【注】在內能脩七教，則君不勞而治。外行三至，而財不費。【注】在外能行三至，則國用不費而足。此之謂明王之道也。"【評】此言"七教""三至"，明王致治之具也。

曾子曰："可得聞乎？【注】參言，不勞、不費可得聞耶？孔子曰："昔者帝舜，左禹而右皋陶，不下席而天下治。【注】不用出位，天下自治。【評】昔有虞之朝，禹、皋任其勞，而大舜享其逸，故成無爲之化。夫如此，何上之勞乎？政之不中，君之患也；【注】政教不得其中，乃君德之病。令之不行，臣之罪也。【注】號令不行，則是人臣慢君之過。若乃十一而稅，【注】古者稅法，君取其一，民得其九。用民之力，歲不過三日，【注】君敷役於民，歲不過三日。一入山澤以其時，①而無征，【注】斧斤以時入山林，而不取民之稅。關譏市廛，皆不收賦，【注】關外但譏異服異言，及市廛，皆不收其賦稅。此則生財之路，而明王節之，【注】政乃國家生財之道，明王與節約之也。何財之費乎？"【評】耕者十一而稅，關市譏而不征，王者之善政也。

曾子曰："敢問何謂七教？"孔子曰："上敬老則下益孝，【注】上之人尊敬老人，則下愈盡孝於父母。上尊齒則下益悌，【注】上之人尊其年齒，則下愈悌於長上。上樂施則下益寬，【注】上喜於博施，則下愈得寬。上親賢則下擇友，【注】上親近賢者，則下益擇友而交。上好德則下不隱，【注】上好有德之人，則賢者皆出。上惡貪則下恥爭，【注】上不貪財，則下以爭利爲羞恥。上廉讓則下恥節，【注】上清廉謙遜，②則下亦知恥守節。此之謂七教。【評】上者，下之表極也。惟皇建極，斯民歸極矣。【評】一正一反，发揮最是明悉。③七教者，治民之本也。上者修，④則四海無刑民矣。【注】既修七教，則天下絕犯罪之人。上之親下也，如手足之於腹心。【注】手足、腹心相待一體，上下之親亦如是矣。下之親上也，如

---

① "入"，前"一"字疑衍，黄魯曾本、何孟春本均無。

② "廉"，原作"節"，據正文"上廉讓則下恥節"，及後注"下亦知恥守節"改。

③ "明悉"，漫漶不清。

④ "上"，黄魯曾本、何孟春本均作"七"。

幼子之於慈母矣。【注】幼子之慕慈母，眷戀不忘，下之親上也亦然。【評】腹心、慈母之喻，最爲劃切。上下相親如此，【注】君之愛民，民之忠君，相親近有如此者。近者悅服，【注】中國心悅誠服。遠者來附，【注】遠方亦來臣附。政之教也。"【注】君臣所致。【評】此近悅遠來，大机栝也。

曾子曰："敢問何謂三至？"孔子曰："至禮不讓而天下治，【注】至禮之世隨在讓遜，而天下自治。至賞不費而天下士悅，【注】至極之賞不費，而天下之士自歡悅。至樂無聲而天下民和。【注】至極之樂無聲音，而天下之民自和。【評】此言三至之善，王政所在必行。明王篤行三至，【注】賢哲之王力行此三至。故天下之君，可得而知；【注】爲君者，皆得盡其君之道，以保身也。天下之士，可得而臣；【注】爲臣者，皆得盡其臣之道，而各供其職也。天下之民，可得而用。"【注】爲民者，皆得忘其榮，而樂爲君之用。

曾子曰："敢問此義何謂？"孔子曰："古者明王，必盡知天下良士之名。【注】古先賢王，必皆知忠良之名譽也。既知其名，又知其實。【注】既知其名譽，又知其實行。然後因天下之爵以尊之，【注】因朝廷論爵以尊禮之。此之謂至禮不讓，而天下治。【評】古昔大猷之世，下無遺賢，而上無廢事者，用此道也。因天下之祿以富天下之士，【注】因其祿以富之。此之謂至賞不費，而天下之士悅。如此則天下之名譽興焉，此之謂至樂無聲而天下之民和。"【注】此申上文之意，以明其意。【評】此申言至禮、至賞、至樂之善，而極用教也。

大婚解第四

【注】魯哀公問："人道誰爲大？"孔子對以"夫婦別"。故以"大婚"名篇，以爲萬世之嗣續所關，其警之者深矣。

孔子侍坐於哀公。哀公曰：①"敢問人道誰爲大？"【注】問治人之道也。【評】哀公首以治人之道爲問，可謂知所本矣。孔子對曰："君之及此言也，【注】公言至於此也。百姓之惠也，臣敢無辭而對？【注】孔子稱，臣豈敢無説以對君也。人道政爲大。夫政者，正也。【注】政者，正人之不正也。君爲政，②則百姓從而正矣。"【注】君行政於上，而百姓皆得其正。公曰："敢問爲政如之何？"孔子曰："夫婦別，男女親，君臣信。三者正，則庶物從之。"【注】三者之道既正，百姓從而皆得其正。【評】孟子所謂"君正，莫不正。一正君而國定"。蓋本於此。

---

① "哀"，黃魯曾本、劉祥卿本、何孟春本均無。
② "政"，黃魯曾本、劉祥卿本、何孟春本均作"正"。

公曰："寡人願知所以行三者之道。"①【注】公復問，願知其所以行三者之要。對曰："古之爲政，愛人爲大。所以治愛人，禮爲大。所以治禮，敬爲大。敬之至矣，【注】禮之敬，則極矣。大婚爲大。【注】婚禮又爲大者也。大婚至矣。【注】大婚爲禮之至。大婚既成，②冕而親迎。親迎者，敬之至也。【注】身親迎迓，此敬禮之至。愛與敬，其政之本與。"

公曰："冕而親迎，不已重乎？"【注】戴冕而迎，禮大重矣。孔子曰："合二姓之好，以爲天下宗廟社稷之主。【注】君有子即位，以爲天下之主。君何爲已重焉？③ 天地不合，萬物不生。大婚，萬世之嗣也。【注】夫婦婚娶，乃萬世嗣續之大也。【評】《禮》重大婚，《易》善歸妹，《詩》咏桃夭，《書》稱釐降，皆以婚姻爲人道之始。萬世之嗣，不可不謹也。

昔三代明王，必敬妻子也，【注】古三王皆敬重妻與子也。蓋有道焉。妻也者，親之主也；【注】妻爲親之端。子也者，親之後也。【注】子繼人之後，故爲親之後嗣。敢不敬與？【評】先王知妻、子所係之重，故不敢忽也。是故君子無不敬。【注】言君子之人，凡事無有不敬。敬也者，敬身爲大。身也者，親之支也。【注】人子之身受之父母，則是父母爲本，而子爲支也。不敬其身，是傷其親，【注】不能敬謹其身，是毀傷父母之遺體。即傷其本也。傷其本，則支從之而亡。"④【評】謹疾保身，即善事其親處。

公曰："何謂敬其身？"孔子曰："君子過言，則民作辭；【注】君子言而世爲天下法，過言則何以爲法？過行，則民作則。【注】行而世爲天下則，過行則何以爲則？言不過辭，行不過則，【注】修辭立誠，而言不過辭；視履考詳，而行不過則。則百姓恭敬以從命。【注】一國之民莫不敬，應其上以從命也。【評】言行，君子之樞機也。樞機之發，榮辱之主也，故不可以不慎焉。若是可謂能敬其身，而成其親矣。"【注】如此可謂能修身以敬，而事親之道成矣。

公曰："何謂成其親？"孔子曰："君子者，人之成名也。【注】君子以成德而得名。百姓名之爲君子，【注】民以君子之名歸之。則是成其身，⑤斯成其親矣。"【注】既不没君子之令名，則能成其身，以顯其親也。

公曰："何謂能成其身？"孔子曰："行己不過乎物，謂之成身，【注】天生蒸民，有物有則,能飭躬厲行,而不喻其物之則,夫是之謂成身。合天道也。【注】斯則盡人事,以合天道也。是故仁人之事親也,如事天;事天如事親,【注】事天、事親,其理一也。此之謂孝子成身。"【評】君子所以成名者,以其能成德也。成其德,斯能成身矣。

　　公曰:"寡人既聞此言,無如後罪何?"【注】言寡德之人既聞夫子之教矣,但恐不能盡誠身、敬親之道,而未免罹于罪戾也。孔子對曰:"公之及此言,①是臣之福也。"【注】夫子言哀公能不徒言,而見諸行,修己以盡君道,則上之可以迓滋至之天休,下可以保靈長之社稷。非唯臣之福,亦萬姓之大幸也。【評】子思子曰:"誠者,天之道也;思誠者,人之道也。"誠則能人物之性,而與天地參矣。仁人享帝、孝子享親之道,豈外是哉?

儒行解第五

　　【注】儒行者,士人所以立身于天地間,而一毫不可苟者。哀公以此爲問,夫子備述文武兼全,其意微矣。

　　孔子在衛,冉有言於季孫曰:"國有聖人而不能用,【注】言魯有夫子而不能用也。欲以求治,【注】欲求治國之法也。是猶卻步而欲求及前人,不可得已。【注】正如退步又欲追及前行之人,斷斷然無此理矣。警季孫也。今孔子在衛,衛將用之。己有才,而欲資鄰國,②【注】吾國有人而不能用,則不可也。難以言智也。"【注】不可曰"智"。季孫以告哀公,公從之。【注】季孫以冉求之言告于哀公,公從其言。【評】聖如孔子,天下之所聖而震焉者也。使哀公能授之以政,而終始不替,其興周道于東方,信易易矣。惜其間之以憸邦,忌之以鄰國,而不能永肩一心也。

　　孔子既至舍,【注】孔子既至魯傳舍。哀公館焉。【注】公使孔子即舍也。公先阼階,③【注】公自東階而接。孔子賓階,【注】孔子從西階而入。升堂立侍。【注】升公堂,立侍公傍。公曰:"夫子之服,其儒服與?"孔子對曰:"丘少居魯,衣逢掖之衣。【注】深衣之褒大也。④長居宋,冠章甫之冠。【注】章甫,儒冠名。丘聞之,君子之學也,博其服以鄉俗。⑤丘未知其爲儒服也。"公曰:"敢問儒行。"【評】儒其服而不儒其行,亦不足以言儒也。

---

① "公",黃魯曾本作"君"。
② "欲",黃魯曾本、劉祥卿本、何孟春本均作"以"。
③ "先",黃魯曾本、劉祥卿本、何孟春本均作"自"。
④ 原文作"衣深衣之褒之",據文《四庫全書》本改。
⑤ "俗",黃魯曾本、劉祥卿本、何孟春本均無。

哀公命席。【注】公命以位與子坐。孔子侍坐，曰："儒者有席上之珍以爲聘，【注】言儒者在坐上，如珍寶之貴，以待夫人聘也。【評】以席珍喻自重，最爲切當。夙夜强學以待問，【注】早夜勤力務學，以待人之資問。懷忠信以待舉。【注】心懷忠信，以待君來舉用。其自立有如此者。【注】儒者自立卓然，而有如此者。

儒有不寶金玉，【注】不以金玉爲寶。而忠信以爲寶；【注】言行必忠信，以爲寶。不求多積，多文以爲富。【注】文詞多材藝，故以爲富。其近人情有如此者。【注】累合人情亦如此。

儒有可親而不可劫，【注】惟可以親其道，不可以劫其威也。可近而不可迫，可殺而不可辱。其過失可微辨，而不可面數。【注】儒者小過不可面數，但可緩緩規告也。其剛毅有如此者。【注】其剛果如此。

儒有忠信以爲甲胄，禮義以爲干櫓；戴仁而行，抱義而處。①【注】躬行則以仁，不殘暴也；處己則以義，不失禮也。雖有暴政，不更其所。【注】言不變仁義之所守也。其自立有如此者。【評】此亦是夫子自道處，惜公不足與有爲，并不可與有言也。

儒有博學而不窮，篤行而不倦。禮必以和，優游以法。慕賢而容衆，【注】希儒賢行而公於衆。毀方而爲合。②【注】去己之大圭角英銳，下與衆小人合也。其寬裕有如此者。【注】其寬懷如此。【評】此見儒者之和而不流，中立而不倚處。

儒有推賢達能，不望其報，【注】儒者見賢則舉於君，見能則聞於上，又不望其報，其心公也。其舉賢援能有如此者。【注】其進賢禮能如此。儒有澡身浴德，【注】平時洗濯其身體，沐浴其德行。世治不輕，【注】逢治世則自得，無輕進也。世亂不沮，③【注】逢亂世不畏沮。其特立獨行有如此者。"【注】其梗介如此者。【評】儒行如此，其所關于世道人心不小也。【整理者按】黃魯曾本此後多數百字，劉祥卿本、何孟春本均無。

問禮第六

【注】禮以正名定分，國之維也。哀公以此爲問，夫子告以天綱人紀。其思以振魯之替乎，惜公不能用也。

哀公問於孔子曰："大禮何如？"子曰："丘聞之，民之所以生者，禮爲大。非

---

① "義"，劉祥卿本、何孟春本同，黃魯曾本作"德"。
② "爲"，黃魯曾本、劉祥卿本、何孟春本均作"瓦"。
③ "不"原作"則"，據黃魯曾本、劉祥卿本、何孟春本改。

禮則無以節事天地鬼神，①【注】郊社、宗廟之禮節。非禮則無以辨君臣、上下、長幼之位焉，【注】朝聘、宴享之位分。非禮則無以別男女、父子、兄弟、婚姻、親族、疏數之交焉。【注】人倫、交處之事。是故君子此爲之尊敬，②然後以其所能，敬順百姓。【注】於是以能行之禮敬百姓，其以禮而行。【評】禮以正名分。分之嚴者，外自君臣始，君臣而下，又各自有上下、長幼，必禮而後辨其位。

夫禮初也，【注】禮之本也。始於飲食。【注】禮始離於飲食之中。太古之時，燔黍擘豚，汙樽而杯飲，蕢桴而土鼓，猶可以致敬於鬼神。【注】神享其德，不求修物。昔之王者，未有宮室，冬則居營掘，③【注】冬則掘地而居，取其暖也。夏則居橧巢。【注】夏月居橧，有柴曰橧，有□曰巢也。④【評】燧人氏立火以變飲血茹毛之陋，有巢氏制宮室以代營窟、橧巢之居，皆所以全民用也。未有火化，食草木之實、鳥獸之肉，飲其血，茹其毛。【注】以止飢也。未有絲麻，衣其羽皮。【注】未有布帛，但著鳥羽獸皮。後聖人有作。⑤【注】後，三皇也。然後修火之利，【注】然後鑽燧取火。範金合土，【注】冶金爲器之模範，合土以作磚瓦。以爲臺榭、宮室、户牖。【注】上棟下宇。以炮以燔，以烹以炙，以爲醴酪。治其絲麻，以爲布帛。以養生送死，【注】用以爲養生送死也。以事鬼神【注】祭祀鬼神。與其先祖，【注】兼祀先祖。以正君臣，【注】正君臣之位。以篤父子，【注】厚父子之倫。以睦兄弟，【注】和睦兄弟。以齊上下夫婦，【注】以定尊卑、男女之分。此禮之大成也。"【注】成，備也，禮之大備也。【評】禮通幽明，和神人，序上下，其大端畢露于此矣。

五儀解第七

【注】"五儀"者，五典之人也。庸人、士人、君子、賢人、聖人，天下之人品盡之矣。夫子以此對哀公，故名曰"五儀"。

哀公問於孔子曰："寡人欲詢魯國之士，⑥與之爲治，敢問如何取之？"【注】將何道以取之。孔子對曰："人有五儀，【注】五等也。有庸人，有士人，有君子，有賢

---

① "鬼"，黃魯曾本、劉祥卿本、何孟春本均作"之"。
② "爲之"，劉祥卿本、何孟春本同，黃魯曾本作"之爲"。
③ "掘"，黃魯曾本、劉祥卿本、何孟春本均作"窟"。
④ 《説文》云："鳥在木上曰巢，在穴曰窠。"□漫漶不清。黃魯曾本此注作"在樹曰巢"，何孟春本同，劉祥卿本作"在□曰巢"。
⑤ 此句劉祥卿本、何孟春本同，黃魯曾本無"人"字。
⑥ "詢"，黃魯曾本、劉祥卿本、何孟春本均作"論"。

人,有聖人。【注】此五儀也。審此五者,則治道畢矣。"【注】惟知此五等,則爲治之道盡矣。【評】夫子所謂五儀,盡天下之人品矣。哀公能知所擇焉,于庸人而屏棄之,于士、君子而信任之,于聖、賢而師士,①則魯將不勞而王矣。

公曰:"敢問何謂庸人?"孔子曰:"所謂庸人者,【注】庸常之人。心不存慎終之規,【注】其心不存謹終之戒也。口不吐訓格之言,【注】口不出則法之言。不擇賢以托其身,【注】身則與不如己者處,其不幾於群居邪聚者,未之有也。不力行以自定。【注】不勤力于道,以定其一身,若此則信道不篤矣。見小暗大,而不知所務;【注】見者小,昧者大,又不能求學以知所務。從物如流,不知其所執,【注】隨物流蕩,不知所執,不能自守如此。此則庸人也。"【注】庸人如此,苟人君不知而用之,小則妒賢嫉能,亡國敗家也。②

公曰:"何謂士人?"孔子曰:"所謂士人者,心有所定,【注】心中卓有定見。計有所守。【注】計事卓有定守。雖不能盡道術之本,【注】雖未盡道術之原。必有率也;【注】必能循道術之事,不苟也。雖不能備百善之美,【注】雖未至全百善之美。必有處也。【注】必有道以處其善。【評】士者之才,足以修政、立事,即孟子所謂"信人""善人"也。富貴不足以益,【注】雖富貴,而無所益。貧賤不足以損。【注】雖貧賤,而無所損。此則士人也。"【評】惟不求益于富貴,故不見損于貧賤。

公曰:"何謂君子?"孔子曰:"所謂君子者,言必忠信而心不怨,【注】所言必忠信,無怨惡也。仁義在身而色無伐,【注】躬行仁義,而無矜伐之色。思慮通明而辭不專。篤行信道,自强不息,君子也。"【評】君子之德,足以輔世長民,即孟子所謂"充實之美"者。

公曰:"何謂賢人?"孔子曰:"所謂賢人者,德不踰閑,【注】依德而行,不過其法。行中規繩。【注】所行所爲,有規矩準繩。言足以法於天下,而不傷於身;【注】其言可爲天下取法,言滿天下無口過,故不傷身。道足化於百姓,而不傷於本。【注】其道可化民,亦不害於身。富則天下無怨財,施於天下不病貧。③【注】及其散施,則天下無告貧者。此賢者也。"【評】賢人則才全德備,即孟子所謂"充實而有光輝之大"者。

公曰:"何謂聖人?"孔子曰:"所謂聖人者,德合於天地,變通無方。【注】隨時變通,不執滯也。窮萬事之終始,【注】窮萬物之本末。協庶品之自然;【注】合衆物之自然。明並日月,化行若神,【注】神化行於天下,如神不可窺測。下民不知其德,【注】民囿

---

①　"士",疑爲"之"字之誤。
②　"亡國",疑上脱"大則"二字。
③　"於",黄魯曾本、劉祥卿本、何孟春本均作"則"。

於德化之中,不知其有德也。此則聖人也。"【評】聖人則又進賢人一等,爲大而化之者。其君用之,則德盛化神,而王業之興,其易易矣。

公曰:"善哉!【注】讚美孔子之詞也。非子之賢,則寡人不得聞此言也。雖然,寡人未嘗知哀,知憂,知勞,知懼,知危,恐不足以行五儀之教。"孔子對曰:"如君之言,已知之矣。【注】如君此言,已知五儀之教也。丘亦無所聞焉。"【注】子自謙詞。

公曰:"非吾子,寡人無以啓其心,【注】得夫子開發吾心。吾子言也。"【注】吾夫子爲我言之。孔子曰:"君子入廟,如右,【注】君入太廟,從西而進。登自阼階,【注】自東階而升。仰視榱桷,【注】舉視櫟栱。俯察機筵,【注】視祖宗位。其器皆存,【注】祭器俱在。而不睹其人。【注】不見祖宗之主。君以此思哀,則哀可知矣。【評】高宗之望傅説曰:"啓乃心,沃朕心。"與哀公此言相同。

昧爽夙興,【注】昧爽,暗暮之時。興,起也。正其衣冠,平旦視朝,慮其危難,一物失理,亂亡之端。【注】有一物不得其道,則亂之自此始。君以此思憂,則憂可知矣。【評】觸於目,感於心,亦是本然事。日出聽政,至于中冥,【注】冥,晚也。諸侯子孫,往來如賓,行禮揖讓,慎是威儀。①【注】以禮相遜,正其威儀。君以此思勞,則勞可知矣。

緬然長思,【注】深遠而思。出於四門,【注】出國之四門。周章遠望,亡國之墟,必將有數焉。【注】觀亡國定域,必有定數焉。君以此思懼,則懼可知矣。夫君者,舟也;庶人者,水也。水所以載舟,亦所以覆舟。君以此思危,則危可知矣。君能明此五者,②【注】五者,即上思哀、思憂、思勞、思懼、思危也。又留意於五儀之事,則政治何有失矣!"【注】爲政不難,無所失也。【評】思哀、思憂、思勞、思懼、思危,凜然有警醒庸主,令之不能自逸也。

哀公問於孔子曰:"寡人欲吾國小而能守,大則攻,其道如何?"【注】我欲吾小國能自守,而大其或來攻我,則其道如何? 對曰:"使君朝廷有禮,上下相親,天下百姓皆君之民,將誰攻之?【注】何以更來攻之耶? 苟違此道,【注】如或反其道如此。民叛如歸,皆君之讎也,【注】百姓皆畔如歸。將與誰守?"【注】將與何人共守其國? 公曰:"善哉!"於是廢山澤之禁,【注】任民取山澤林木也。弛關市之税,【注】能損關市之税賦。以惠百姓。【注】以恩愛下民。【評】此等攻守之道,惟在朝廷有禮。其折衝樽俎之大議論,非聖人

---

① "是",黃魯曾本、劉祥卿本、何孟春本均作"其"。
② "能",黃魯曾本、劉祥卿本、何孟春本均作"既"。

安得及？此正其"軍旅未之學，而俎豆則嘗聞之"之意。①

致思第八

【注】孔子游於農山，與諸子言志。志者思見于爲，故名曰"致思篇"。學者宜玩，而不可忽也。

　　孔子北游於農山，子路、子貢、顏淵侍側。孔子曰："二三子各言爾志，吾將擇焉。"【評】學莫先於辨志，故夫子於三子而探其所蘊也。子路進曰："由願得鍾鼓之音，上震於天；【注】鳴鍾擊鼓，聲音震動上天。旂旗繽紛，下蟠於地。【注】旂旗下垂于地。由當一隊而敵之，必也攘地千里，搴旗執馘，②【注】首格。唯由能之。"夫子曰："勇哉。"【注】由也所言如此，不謂之勇而何哉？亦許其志。

　　子貢復進曰："賜願使齊、楚合戰於漭瀁之野，③【注】賜願令齊、楚二國相戰于廣大之野。兩壘相望，【注】兩軍相對。挺刃交兵。【注】戰鬥也。賜著縞衣白冠，【注】兵，凶事，故子貢尚白衣冠。陳說其間，【注】談說於齊、楚陣中。推論利害，釋【注】解也。二國之患，唯賜能之。"夫子曰："辨哉。"④【注】美其有才辨也。【評】由也果，賜也達，皆用世之英才，夫子所樂育者。

　　顏回退而不言。【注】是其退而不言，則異乎二子之撰矣。孔子曰："回，汝獨無願乎？"【注】由、賜之志已知之，回，汝無願乎？對曰："回聞薰、猶不同器而藏，【注】薰、猶之草，其類各異。堯、桀不共國而治，【注】道不同不相爲謀也。以其類異也。回願明王、聖主輔相之，【注】回所願欲明主而輔相之。敷其五教，【注】父子有親，君臣有義，夫婦有別，長幼有序，朋友有信。此五教之目，所以陳之也。道之以禮樂。【注】又以禮樂輔導之。【評】回之所願，即夫子老懷少安意。使民城郭不修，【注】言世治也。溝池不越，【注】無事於此。鑄劍戟以爲農器，【注】言無事於此兵矣，故以爲農器也。【評】言言石畫，⑤語語良籌，豈非帝王謨訓乎？放牛馬於源藪，【注】牛馬不用，故散於源藪。與古者放牛於桃林之野，歸馬於華山之陽者，可以與同日語矣，正此意也。【評】與武王克商"歸馬于華山之陽，放牛於桃林之野"同風。室家無離曠之思，【注】男有室，女有家，無離曠怨思也。千載無戰鬥之患。【注】此言世

① 《論語·衛靈公》載："衛靈公問陳於孔子。孔子對曰：'俎豆之事，則嘗聞之矣；軍旅之事，未之學也。'明日遂行。"

② "搴"，原作"塞"，據黃魯曾本、劉祥卿本、何孟春本改。

③ "漭"，原作"浾"，據黃魯曾本、劉祥卿本、何孟春本改。

④ "辨"，黃魯曾本、劉祥卿本、何孟春本作"辯"。

⑤ "石畫"，即碩畫，大計的意思。

治。則由無所施其勇,【注】天下平治,由雖勇也,□將何所施乎?① 而賜無不用其辨矣。"②【注】天下平治,賜雖有辨才也,何所施乎? 夫子凜然曰:"美哉! 德也。"【注】凜然而美其德,所以深許之也。【整理者按】此處評語約十二字,漫漶不清,故不抄録。

子路抗手而對曰:"夫子何選焉?"【注】三子言志,各出本意。顔回之志如此,夫子果何選焉? 孔子曰:"不傷財,不害民,不繁詞,則顔氏之子有矣。"【注】其志飄然出於言意之表,視三子規規於事爲勇力者,不可同日語矣。【評】顔子有王佐之才。

季羔爲衛之士師,【注】獄官也。刖【注】割也。人之足。俄而衛有蒯瞶之亂,季羔逃之,走郭門。【注】知禍而知逃,亦能不害其君子義也。【評】《詩》曰:"既明且哲,以保其身。"其斯之謂也已。刖者守門焉,謂季羔曰:"彼有缺。"【注】言彼有空可以逃。季羔曰:"君子不踰。"【注】羔言君子之人,不可踰空窟之處也。又曰:"彼有竇。"【注】言彼有穴可以逃。季羔曰:"君子不隧。"【注】羔言君子不從穴出。又曰:"於此有室。"季羔乃入焉。【注】隨迹以逃其難。既而追者罷,【注】追羔者罷去。季羔將去,謂刖者曰:"吾不能虧王之法,而親刖子之足。今吾在難,【注】今我正在患難之守。正子報怨之時,【注】此正汝復報之時。而逃我者三,何哉?"【注】而,指刖者。

刖者曰:"斷足固我之罪,昔公之治臣以法,【注】言王法治臣,不可怨。當論刑,君愀然不悦,豈私臣哉? 天生君子,其道固然,此臣之所以悦君也。"【注】此我所以喜公也。【評】孟子曰:"生道殺民,雖死不怨。"殺者于刖者之報,羔可見。孔子聞之曰:"善哉爲吏,其用法一也。【注】其行法均一。思仁恕則樹德,【注】觀"愀然不悦",則思仁恕可見。而刖者悦於君,則樹德亦可見矣。加嚴暴則樹怨,【注】泛言其理。公以行之,其子羔乎!"【評】樹德、樹怨不同。

孔子曰:"武王正其身,以正其國;【注】上行下效。正其國,以正天下。【注】由近及遠。伐無道,【注】伐紂無道之君。刑有罪,【注】犯法者刑之。一動而天下正,【注】四海永清,可見其正。其事成矣。王者致其道,而萬民皆治,天下順之。"【注】言哲王德大義廣,其天下子民之歸一也。【評】武王以道致治,而萬民之順,順之于道也。

子路爲蒲宰,爲水備,【注】仲由作蒲邑之宰,作隄以防水災也。與其民修溝壑,③【注】同百姓修導溝洫。以民之勞煩苦也,【注】見百姓煩役勞苦。人與之簞食、一壺漿。【注】每人與之一食、壺漿。【評】善爲政者,貴未然之防。盡力乎溝洫,亦是本然事。孔子聞之,

---

① 方框處原爲闕字。

② "不",黄魯曾本、劉祥卿本、何孟春本皆爲"所"。考諸文意,"所"的意思更加合理通達。

③ "壑",黄魯曾本作"瀆",劉祥卿、何孟春本作"洫"。

使子貢止之。【注】乃使子貢往止之。子路忿然不悦，往見孔子，曰："由也以暴雨將至，恐有水災，故與民修溝洫以備之。【注】故與百姓修導溝渠，以防備之。而民多匱餓者，是以簞食壺漿而與之。夫子使賜止之，是止由之行仁也。"【注】未必深思其理，故率爾妄對如此。孔子曰："汝以民爲餓也，何不白於君，發倉廩以賑之？【注】言當告於君，發粟以貸之。而以爾食饋之，【注】將汝私食與其民。是明君之無惠，【注】是欲暴揚其君無恩惠及人也。而見己之德矣。"【注】今汝與民私食，則是彰汝之恩及於人矣。【評】古之人臣恩則歸君，過則歸己。仲由反此，故夫子止之。

　子路見於孔子，曰："負重涉遠，不擇地而休；【注】寬其力也。家貧親老，不擇禄而仕。【注】急於奉養也。昔者由也，事二親之時，常食藜藿之實，【注】自食惡者。爲親負米於百里之外。【注】爲親負米，服其勞也。【評】子路之孝，於此可見。永言孝思，其在是乎？親殁之後，【注】二親俱没。南游於楚，【注】南游，官於楚國。從車百乘，【注】騁御衆也。積粟萬鍾，【注】俸禄多也。累絪而坐，【注】重席而坐。列鼎而食，【注】羅列鼎俎而食。願欲食藜藿，爲親負米，不可復得也。"【注】言居今日之富貴，而思昔日之貧苦。追想二親無由再養，此子路之孝也。孔子曰："由也事親，可謂生事盡力，死事盡思者也。"【注】生則能盡其力，死則能盡其思，稱其孝也。【評】此即子欲養而親不在之意。生死一於禮，可謂孝矣。

　楚昭王渡江，江中有物大如斗，圓而赤，【注】形圓而色赤。直觸王舟，舟人取之。【注】舟人取之，以獻楚王也。王怪之，【注】異其物未見也。使使問於孔子。孔子曰："此萍實也，可剖而食之，吉祥也，【注】吉祥之兆。唯伯者爲能獲焉。"【注】唯諸侯之伯者，方得此萍也。王食之，大喜。①【評】國家將興，必有禎祥。萍實之兆，伯也豈偶然哉？子諸問曰：②【注】子諸，人名。"夫子何以知其然？"【注】因何得知此物可食？曰："吾昔之鄭，過乎陳之野，聞童謡曰：'楚王過江得萍實，大如斗，赤如日，剖而食之甜如蜜。'此楚王之應也。吾是以知之。"【注】此乃楚王之吉兆，吾是以知之。【評】此可見生知亦可以驗學知。

　子路治蒲，請見於夫子，曰："由願受教於夫子。"【注】由也願聽受夫子治蒲之教誨。子曰："蒲其如何？"【注】言蒲邑風俗如何？對曰："邑多壯士，又難治也。"子曰："然，吾語爾。【注】我告爾治道。恭而敬，可以攝勇；寬而正，可以懷强；【注】行寬政，守正道，可以懷柔其强暴。愛而恕，可以容困；【注】能愛、恕，可以容其困乏。溫而斷，可

---

① "喜"，黄魯曾本、劉祥卿本均作"美"。
② "諸"，黄魯曾本、劉祥卿本均作"游"。

以抑奸。【注】溫和而能斷，可以沮抑其奸邪。如此加之，正不難矣。"【注】以此數者治之，雖使蒲有壯强之士，治政亦不難矣。【評】此告子路以敬恕、溫柔之要，亦因其病而鍼砭之也。

孔子適齊，中路遇異人焉，【注】孔子往齊國，於中途逢見一異常之人。①擁鎌帶索，②哭音甚哀。【注】挾腰鎌，帶繩索，而哭泣之音甚悲哀。孔子下車而問，曰："子何人也?"對曰："吾丘吾子也。【注】孔子下車，追問之曰："子爲何人?"對曰："吾子也。"向有三失，晚而自覺，悔之何及。"【注】昔有三者之失，後知其失，而欲悔之無及也。【評】擁鎌帶索而哭，丘吾子之行，矯情干譽者。子曰："三失可得聞乎?"【注】夫子問何爲三失。丘吾子曰："吾少時好游，③歷遍天下，④【注】昔爲好游，故足迹遍歷齊、楚、燕、趙、魯、衞、梁、朱之區。後還，喪吾親，是一失也;【評】親死不奔喪，已得罪於名教;而自經於溝瀆，尤不孝之大也。長事齊君，君驕奢多士，⑤【注】長而仕於齊，委質於君，而君之驕侈，不能禮士。臣節不遂，【注】不能遂壯行之志，而盡臣道。是二失也;吾生平厚交，而今皆離絶，【注】吾平生交游之厚者，今皆離散而亡絶。是三失也。夫樹欲靜而風不停，【注】樹木欲安靜而風不停息，有以撓之不得其靜矣。子欲養而親不在。【評】以風、木爲喻，最親切有味。往而不來者，年也;不可再見者，親也。請從此辭。"遂投水而死。子曰："小子識之，斯足爲戒矣。"【注】夫子感異人之所言、所行，顧謂門人曰："小子其識之，此可以爲鑑戒矣。"自是，弟子辭歸養親者十有三。【注】辭師而歸養親者，十分有三焉。【評】人子之於親，有不可解於其心者，夫豈强哉?

孔子自衞反魯，息駕於河梁而觀焉。【注】夫子自衞而反歸於魯，休息其駕於河梁之上，而縱目觀望。有懸水三十仞，圜流九十里，【注】有懸水三十仞之高，周流九十里之廣。魚鼈不能道，黿鼉不能居。【注】魚鼈、黿鼉水中之物，尚畏其高深而不能道、不能居，其水之險如此。【評】此亦是借水明人之喻，讀者不以辭害意可也。有一丈方將厲之，⑥【注】以衣涉水曰"厲"，又"渡"也。孔子使人並止之，【注】並，近也。曰："意者難可濟也。"【注】夫子使人沮之，言其水之高深難濟，恐有陷溺之患。【評】此見聖人好生之本性。丈夫不以此措

---

① "逢"，疑當爲"逢"，黃魯曾本作"逢"。

② "縑"，底本作"縑"，注釋及評語作"鎌"，二字字形相近，意思不同。"縑"意爲雙經雙緯的粗厚織物之古稱。"鎌"本義指割莊稼或草的農具。《集韻》:"鎌"同"鎌"。從前後文意看，此處應爲"鎌"，爲字形相近之誤。

③ "游"，黃魯曾本作"學"。

④ "歷"，黃魯曾本作"周"。

⑤ "多"，黃魯曾本作"失"。

⑥ 丈方，據黃魯曾本，疑"丈"後脫"夫"字。

意,遂渡而出。【注】其人不以此水爲險而介懷,竞渡之而出。孔子問之曰:"子巧乎? 有道術乎?① 所以能入而出者,何也?"【注】夫子問其人何巧乎,或有道術而然乎? 所以能濟人之所不能濟者,其故何也? 丈夫對曰:"始吾之入也,先以忠信;及吾之出也,又從以忠信。【注】言出入主之以忠信,故能如此。措吾軀於流波,而不敢以用私。"【注】置吾身于波濤浩瀚之中,而不用其私,故能入而能出也。孔子曰:"二三子其識之,水猶可以忠信親之,況於人乎!"【注】孔子謂門弟子曰:"汝其識之,水猶可親,則忠信之感人無疑矣。"【評】夫蹈水者之無私,故能相忘於水。人相忘於道術者,其性亦猶是也。

子貢問治民於孔子,子曰:"凛凛乎若持腐索之捍馬。"【注】子貢問治民之道于夫子,子告之曰:"臨民之可懼,如以腐敗之索捍御其馬,蓋索易絶而馬易驚也。"子貢曰:"何其畏也?"子曰:"夫通達之御,皆人也。【注】御馬之通達,不失其馳,皆由乎人。【評】《書》曰:"予臨兆民,若朽索之馭六馬,爲人上者,奈何不敬?"以道導之,則吾畜也;【注】御得其馬之性,則馬爲吾用,得以畜而養之。不以道導之,則吾讎也。【注】御不得其馬之性,則馬將奔逸難制,而爲吾仇也。如之何其無畏也。"【注】民之難治猶御馬然,安行而無畏乎?② 【評】古人有言曰:"撫我則后,虐我則仇。"③與夫子之言吻合。

三恕第九

【注】因此章有三"恕"字,見臣不可不忠于君,子不可不孝于父,弟不可不友于兄,故以名篇。

孔子曰:"君子有三恕。【注】恕者,反己之謂。有君不能事,有臣而求其使,非恕也;【注】爲臣不能事君,有臣而求其可使,非恕之道也。有親不能孝,有子而求其報,非恕也;【注】爲子不能孝親,有子而求其報己,非恕之道也。有兄不能敬,有弟而求其順,非恕也。【注】爲弟不能敬兄,有弟而求其順己,亦非恕也。士能明於三恕之本,則可謂端身矣。"【注】士人若能曉此三恕之本,則知正其身矣。【評】此即《中庸》"所求乎臣以事君,未能也;所求乎子以事父,未能也;所求乎弟以事兄,未能也"同義。

孔子曰:"君子有三思,不可不察也。故君子少思其長,則務學;【注】學少而思長大無能,故思務學也。老思其死,則務教;【注】老則思死,故務教人也。有思其窮,則

---

① 巧,較黄魯曾本,底本多"巧"字。

② 較之劉祥卿本、何孟春本,多出"孔子適齊,中路遇異人焉"至"如之何其無畏也"三段。較之黄魯曾本,此三段位置不同。

③ 此句出自《周書·泰誓》篇。

務施。"【注】富有則思窮，故務施人也。【評】誠之於思，君子所不廢也。

　　孔子觀於魯桓公之廟，有欹器焉。問守廟者曰："此謂何器？"對曰："此蓋為宥坐之器。"【注】此乃坐側鑑戒之器也。孔子曰："吾聞宥坐之器，虛則欹，【注】其中空虛則傾。中則正，【注】水注至中則端正。滿則覆。【注】若內滿則覆倒。明君以為至誠，【注】明君用此器為大鑑戒。故常置之於坐側。"顧謂弟子曰："試注水焉。"乃注之水，【注】弟子注水於欹器中。中則正，滿則覆。夫子喟然嘆曰："嗚呼！夫物烏有滿而不覆者哉？"【注】凡物豈有滿而不覆之理？【評】劉向《説苑》云："觀周廟，有欹器焉。"杜預云："周廟其器至今已久，猶在御座側。及漢末衰亂，器始不復存，當以觀於周廟為是。"子路進曰："敢問持滿有道乎？"子曰："聰明睿智，守之以愚；功被天下，守之以讓；勇力振世，守之以怯；富有四海，守之以謙。此之謂損之又損之之道也。"【評】滿招損，謙受益，時乃天道。①

　　子貢問於孔子曰："子從父命，孝乎？臣從君命，貞乎？奚疑焉？"孔子曰："昔者明王萬乘之國，【注】古者天子萬乘之國。有爭臣七人，則主無過舉；【注】天子有三公四輔，諫諍以救其過失。千乘之國，有爭臣五人，則社稷不危；【注】諸侯之國，諫臣有五，則能保其社稷。以百乘之家，有爭臣三人，則祿位不替。【注】卿大夫之家，有爭臣三人，則能保其祿位。父有爭子，不陷無禮；【注】父有子能諫諍，則不陷於不義。士有爭友，不行不義。【注】士有良友能諫諍，則不行非義之事。故子從父命，奚詎為孝？【注】子順父命，豈可以詎得謂之孝乎？臣從君命，奚詎為貞？【注】順從君命，豈詎得為正乎？夫能審其所從，此之謂孝，之謂貞矣。"【注】如此則臣子無所不審，得其正、孝之名矣。【評】家之有親，猶國之有君也。子之孝、臣之貞其義一也，故夫子詳言其所以孝，所以貞之道。【評】君臣、夫子、朋友皆不可以無諍，則今之惡聞過者安得不亡？

好生第十

【注】因哀公之問，告以天地生生為心，聖人之大德曰"好生"，以此名。其于君道，思過半矣。

　　魯哀公問於孔子曰："昔者舜冠何冠乎？"【評】哀公慕大舜之為君，舍道德而問冠冕，猶曹交以形體求湯文之意同。②對曰："公之問不先其大者。"③【注】言公所問不先於大

---

①　語出自《尚書·大禹謨》。

②　曹交，戰國時期人，曹君之弟（或説曹亡，以國為氏）。事見《孟子·告子下》。

③　"公"，黃魯曾本作"以君"。

道。公曰："其大何乎？"孔子曰："舜之爲君也，其政好生而惡殺，其任授賢而黜不肖，①德若天地而靜虛，化若四時而變物也。【注】化使民四時之變化萬物。是以四海承風，暢於異類，【注】天下咸奉承其風教，以及夷狄皆仰舜德也。鳳翔麟至，鳥獸馴德。無他也，好生故也。"【注】惟行好生之德，故能如此。【評】舜德好生，後有作者弗可及也。

子路戎服見於孔子，拔劍而舞之，【注】子路初見夫子，武裝仗劍而舞，尚勇也。曰："古之君子，固以劍自衛乎？"②【注】子路言古人必以劍自護其身。孔子曰："古之君子，忠以爲質，仁以爲衛。【注】古之君子以忠處民，以仁護身。不出環堵之室，而知千里之外。有不善則以忠化之，侵暴則以仁固之，何待劍乎？"③【注】何必以劍自衛乎？子路曰："由乃今聞此言，請攝齊以受教。"【評】子路自負其勇，聞義必爲，於此可見。

楚恭王出游，④亡烏嘷之弓，【注】楚王出游，而失其弓。烏嘷，良弓之名。左右請求之。王曰："已之。⑤【注】舍之勿求。楚王失弓，楚人得之，又何求之！"孔子聞之曰："惜乎其不大也，【注】言其度量不廣大也。不曰人遺弓，人得之而已，何必是也。"⑥【注】但言人失弓，人得之而已，足矣，又何用其言楚也。【評】自楚失之，自楚得之，亦僅僅知有楚而已。

虞、芮二國爭田而訟，連年不決。乃相謂曰："西伯，仁人也，【注】西伯，周文王也。盍往質之。"【注】何不往彼質正。入其境，則耕者讓畔，行者讓路；入其朝，【注】至其國。士讓於大夫，大夫讓於卿。虞、芮之君曰："嘻！吾儕小人也，不可以入君子之朝。"遂自相與而退，咸以所爭之田爲閒田矣。【評】觀虞、芮質成於周，而西伯之德化無遠不屆也，⑦其亦三分有二之後歟。孔子曰："以此觀之，文王之道，其不可加焉。【注】文王之道，無以加矣。不令而從，不教而聽，至矣哉！"

魯人有獨處室者，【注】魯國有男子獨居於室者。鄰之釐婦亦獨處一室。【注】鄰之寡婦亦處一室。夜，暴風雨至，釐婦之室壞，【注】室爲風雨所損。趨而托焉。【注】趨男

---

① "黜"，黃魯曾本、劉祥卿本、何孟春本均作"替"。
② "固"，劉祥卿本、何孟春本同，黃魯曾本無此字。
③ "待"，劉祥卿本、何孟春本同，黃魯曾本作"持"。
④ "恭"，劉祥卿本、何孟春本同，黃魯曾本無此字。
⑤ "已之"，劉祥卿本、何孟春本、黃魯曾本均作"止"。
⑥ "是"，劉祥卿本、何孟春本、黃魯曾本均作"楚"。
⑦ "無遠不屆"，語出《尚書·大禹謨》："惟德動天，無遠弗屆。"

子之室，托避風雨。魯人閉户而不納，釐婦自牖與之言："子何不仁而納我乎？"①魯人曰："吾聞男女不六十不同居，今子幼，吾亦幼，是以不納爾也。"婦人曰："子何不如柳下惠然？"【注】言汝何不學柳下惠之所爲。【評】不建門之女避震風淡雨，而投于柳下惠，置于懷中而不易其所守。魯人曰："柳下惠則可，吾固不可。吾將以吾之不可，學柳下惠之可。"【注】觀此則見其所守非他人可比，今世人有逾牆相從、鑽穴相窺者矣，尚何望其婦之趨托而不容入乎？孔子聞之曰："欲學柳下惠者，未有似於此者。【注】凡欲學柳下惠之人，未有若魯之男子者也。期於至善而不襲其爲，【注】心期造至善之地，不習他人也。可謂智乎！"【注】不可謂明哲之人。②【評】此一段乃克己復禮之端，古人之學皆自這裏，勉强做去，成其自然，不可不知也。

　　孔子曰："小辯害義，【注】言小人口辯害正義。小言破道。【注】言小人言語破碎大道。《關雎》興于鳥，而君子美之，【注】《關雎》取鳥以興，君子美其時。取其雌雄之有别；《鹿鳴》興于獸，而君子大之，【注】《鹿鳴》篇以獸取興，而君子亦大其詩。取其得食而相呼。若以鳥獸之名嫌之，固不可行也。"【注】如嫌其鳥獸之名而不取其義，固不可與言詩矣。【評】孟子曰："利口恐其亂義也，鄉原恐其亂德也。"③蓋本如此。④

　　孔子嘗自筮其卦，得賁焉，愀然有不平之狀。【注】夫子筮得艮之山火賁卦，因有不悦之色。子張進曰："師聞卜者，得賁卦吉也。【注】《易》曰："白賁無咎，吉。"而夫子之色有不平，何也？"【注】筮而得吉，色有不平，其故何也？子曰："以其離耶！在《周易》，山下有火謂之賁，【注】離在内，艮在外爲賁。非正色之卦也。夫質也，黑白宜正焉。【注】黑白之質，以正色爲宜。今得賁，非吾兆也。【注】得賁，以其飾。吾聞丹漆不文，白玉不雕，何也？質有餘不受飾故也。"【注】王欲存本質，人可雕琢乎？【評】《彖》曰："賁，亨。柔來而義剛，故亨。分剛上而義柔，故小利有攸往。"⑤《象》曰："賁其趾，舍車而徒，義弗乘也。"

　　曾子曰："狎甚則相簡，莊甚則不親。【注】夫人之與人友也，狎褻太過則相簡慢，莊持太嚴則不相親。是故君子之狎，足以交歡，其莊足以成禮。"【注】推君子之與人

---

　　①　此句"納"前疑缺"不"字。黄魯曾本作"何不仁而不納我乎"，劉祥卿本、何孟春本作"子何不仁而不納我乎"。

　　②　"謂"前疑缺"不"字，即"不可不謂明哲之人"，加之似更符合文義。

　　③　此語出自《孟子·盡心下》。

　　④　本篇此段後，劉祥卿本、何孟春本均再無文字。

　　⑤　文字略有不同，《四庫全書》本《周易·賁·彖》曰："賁，亨。柔來而文剛，故亨。分剛上而文柔，故小利有攸往。"

親狎，而情意交孚；持己以莊，而禮儀中節。孔子聞其言，曰："二三子識之，①孰謂參也不知禮乎？"【注】蓋深美曾子之言，而欲門弟子繹其理也。【評】此見君子和而不流，與人恭而有禮處。

哀公問曰："紳、委、章甫，【注】紳，大帶。委，端委，禮衣也。章甫，冠名。有益於仁乎？"孔子對曰："君胡然焉？【注】公問衣冠有益於仁乎，夫子言君何其然也。衰麻苴杖者，志不存乎樂，非耳弗聞，服使然也；【注】衣衰麻、持苴杖者，身承重服，心有孔憂，耳雖聞樂不樂，服使之然也。黼黻袞冕者，容不褻慢，非性矜莊，服使然也；【注】衣龍袞、戴冕旒者，容自尊嚴，非其性故爲此矜持，服使之然也。介胄執戈者，無退懦之氣，非體強猛，服使然也。【注】衣甲胄、執戈矛者，有敵愾之志，自無退怯，非其本體之剛強，服使之然也。且臣聞之，好肆不守折，【注】言市弗能爲廉也。而長者不爲市。【注】言爲長者之行，則不能爲市買也。竊夫有益與無益，君子所以知。"【評】常人之情因物有迁，君子貞天下之遇，而不易其所守。

孔子曰："君子有三患，未之聞，患不得聞；【注】於道未之有聞，則憂其不得聞。既得聞之，患弗得學；【注】既得聞其道矣，憂不得盡心以學道。既得學之，患弗能行。【注】既得學矣，猶憂不能行其所學。【評】尊其所聞，則高明矣；行其所知，則光大矣；而又慎言敏行焉。君子修身之學，其在斯乎？有其德而無其言，君子恥之；【注】德者，言之實；言者，德之華。有其實而無其華，君子以爲恥也。有其言而無其行，君子恥之；【注】言必顧行，行必顧言。言浮而行不逮焉，君子以爲恥也。既得之而又失之，君子恥之；【注】既得其道而隨失之，則無踐修之實，君子以爲恥也。地有餘而民不足，君子恥之；【注】廣土衆民，君子所願也。地有餘而民或不足，故以爲恥也。衆寡均而人功倍己焉，君子恥之。"【注】業與人同，而功與人異，故君子恥其不若人也。【評】歷言君子之恥，正爲無恥者激發其羞惡之良也。

觀周第十一
【注】夫子適周，問於老聃，因觀先王之制，故以"觀周"名篇。其所以警學者，而垂後世至矣。

孔子謂南宮敬叔曰：【注】敬叔，孟僖子之子也。"吾聞老聃博古知今，則吾師也，今將往矣。"【注】今欲往見之。【評】老聃，姓李，名耳，字伯陽，諡曰聃，在周時爲守藏吏。敬叔與俱至周。【注】敬叔與夫子同往周。

---

① "識"，黃魯曾本作"志"。

問禮於老聃，【注】見老子，問古之禮也。【評】老子語孔子曰："君子得時則駕，不得時則蓬累而行。吾聞良賈深藏若虛，君子盛德，容貌若愚。去子之驕氣與多欲，態色與淫志，皆無色於子之身。①吾之所告子者，如此而已。"②訪樂於萇弘，【注】見周大夫，問之以樂。歷郊社之所，【注】過郊祀、社祭之所。考明堂之則，【注】考究明堂之法則。察廟朝之度。【注】審宗廟、朝廷之法度。於是喟然曰："吾乃今知周公之聖，與周之所以興也。"③【注】我今乃知周公之聖德，及周家之所以興王也。

及去周，老子送之曰："吾聞富貴者送人以財，仁者送人以言。吾雖不能富貴，而竊仁者之號，【注】我雖非富貴之人，而竊居仁人之名。請送子以言乎。【注】謂以言語送夫子。凡當今之人，④聰明深察而近於死者，好譏議人者也；【注】愛譏刺擬議人之故。博辯閎遠而危其身，⑤好發人之惡者也。"孔子曰："敬受教。"⑥自周反魯，道彌尊矣。【注】自周而歸魯，其道益尊。遠方弟子之進，蓋三千焉。【注】遠方願爲弟子來學道者，凡三千人。【評】夫子一見老子，即以"猶龍"稱之。蓋得于觀感，而服膺其言也。

孔子觀乎明堂，睹四門墉，【注】夫子觀周明堂，及四門之牆。有堯舜之容，桀紂之象，而各有善惡之狀，興廢之誡焉。【注】堯舜爲善則興，桀紂爲惡則廢，其形狀可以爲鑑戒。又有周公相成王，抱之負斧扆，南面以朝諸侯之圖焉。【注】又有周公抱成王，登天子之位，以朝諸侯之圖，在明王之堂也。【評】《詩》曰："公孫碩廬，赤寫几几。"⑦周公之忠勤也。孔子徘徊而望之，謂從者曰："此周之所以盛也。夫明鏡所以察形，往古所以知今。人主不務襲迹於其所以安存，【注】明王不求蹈古人所以安存之迹。而忽忽所以危亡，【注】而且忽忽於危亡之事。未有異於卻步而求及前人也。"【注】何異退步而欲追及前人也。【評】《書》曰："與治同道，罔不興；與亂同道，罔不亡。"誠然乎哉。

孔子觀周，入后稷之廟，【注】夫子觀周，遂入太祖後稷之廟。有金人焉。【注】廟中

---

① 此句見《史記·老子韓非列傳》，《四庫全書》本作"態色與淫志，皆無益於子之身"。疑"色"爲"益"之誤。從字義上看，"無益於身"意思明確，"無色於身"難以講通。

② 《史記》卷六三："君子得其時則駕，不得其時則蓬累而行。吾聞之良賈深藏若虛，君子盛德，容貌若愚。去子之驕氣與多欲，態色與淫志，皆無益於子之身。吾所以告子，若是而已。"

③ "興"，黃魯曾本、劉祥卿本、何孟春本皆作"王"。

④ "人"，黃魯曾本、劉祥卿本、何孟春本皆作"士"。

⑤ "閎遠"，劉祥卿本、何孟春本同，黃魯曾本作"閎達"。

⑥ "受"，黃魯曾本、劉祥卿本、何孟春本皆作"奉"。

⑦ 此語出自《詩經·豳風·狼跋》，原詩爲"公孫碩膚，赤舄几几"。底本"廬"爲"膚"之誤，"寫"爲"舄"之誤。

有金鑄人。三緘其口，【注】三重封其口。而銘其背曰："古之慎言人也。【注】此古者能謹言語之人也。戒之哉。【注】當以爲戒。無多言，多言多敗；無多事，多事多惡。①【評】致慎言人之名曰"磨兜堅"。②

　　"安樂必戒，【注】雖處安樂，必警戒也。無所行悔。【注】所行之事，不可復悔。勿謂何傷，其禍將長。【注】莫言其患何傷，又將無驗。勿謂何害，其禍將大。【注】莫言無害其患，又將成大。勿謂不聞，神將伺人。【注】莫言無所聞，知神明已覺伺人。焰焰不滅，炎炎若何？【注】如火方焰焰而小，若不滅之，及炎炎而至，則將如何？涓涓不壅，終爲江河。【注】如水涓涓細流，若不塞之，終成江河。綿綿不絕，或成網羅。【注】如綿不斷，則必成羅網也。毫末不札，將尋斧柯。【注】木如毫末之小，若不拔去，將用斧柯而斫。【評】蔡氏曰："勿以小善而不爲，萬邦之慶積于小，勿以小惡而爲之。"③誠能慎之，福之根也。口是何傷，禍之門也。【評】厥宗之覆，不在大言，君子當謹其微。與此段同義。

　　"强梁者，不得其死；【注】人生强狠者，終不得其死。好勝者，必遇其敵。【注】好勝人者，必遇敵人之害。君子知天下之不可上也，故下之。【注】君子則知天下之人不可居其上，故謙焉居下。知衆人之不可先也，故後之。【注】知衆人之多，不可居其先，故謙己後之。溫恭慎德，使人慕之。【注】吾知溫柔而謹其德，使行人仰慕之也。江河雖左，④長於百川，以其卑也。【注】水雖右爲尊，江海惟在于左，亦能爲百川長，以其能下故也。天道無親而能下人。【注】上天之道雖無親，然其因亦能下人也。戒之哉！"【注】言當以此爲鑑戒也。【評】"天道虧盈而福謙，地道止盈而流謙，人道惡盈而好謙"，與慎言之銘吻合。⑤

　　孔子既讀斯文也，顧謂弟子曰："小子識之，此言實而中情中信。"⑥【評】此見夫子樂得天下英才而教育之。

────────────

①　"惡"，黃魯曾本、劉祥卿本、何孟春本皆作"患"。

②　"磨兜堅"，亦作"磨兜鞬"，誡人慎言之意。宋袁文《甕牖閑評》卷八："唐劉泊少時嘗遇異人，謂之曰：'君當佐太平，須謹磨兜堅之戒。'穀城國門外有石人，刻其腹曰：'磨兜堅，慎勿言。'故云。"明陶宗儀《輟耕録·磨兜鞬》云："襄州穀城縣城門外道傍石人缺剥，腹上有字云：'磨兜鞬，慎勿言。'是亦金人之流也。"

③　此爲蔡沈語。蔡沈(1167—1230)，南宋學者，字仲默，號九峰，南宋建州建陽(今屬福建)人。蔡元定次子。專意爲學，不求仕進，少從朱熹游，後隱居九峰山下，注《尚書》，撰《書集傳》，其書融匯衆説，注釋明晰，爲元代以後試士必用。

④　"河"，黃魯曾本、劉祥卿本、何孟春本皆作"海"。

⑤　《易經》曰："天道虧盈而益謙，地道變盈而流謙，鬼神禍盈而福謙，人道惡盈而好謙。"

⑥　"中情中信"，此句後一"中"字，黃魯曾本、劉祥卿本、何孟春本皆作"而"。

弟子行第十二

【注】夫子弟子有三千之多，而升堂者、入室者七十餘人，故以名篇。雖不悉紀，而大略可概見矣。【評】弟子行不俱述，大略有此數者。

衛將軍文子，【注】將軍，衛卿名也，文子彌弟。①問於子貢曰："吾聞孔子之施教也，②先之以《詩》《書》，而道之以孝悌，說之以仁義，觀之以禮樂，然後成之以文德。【注】終則以文德之成教之也。蓋入室升堂者，七十有餘人，【注】造道之士，七十二人。其孰爲賢？"子貢對以不知。【注】子貢以賢人爲譏，③故不對。文子曰："請問其行。"【注】文子又言："願聞諸士子之行如何。"子貢曰："夫能夙興夜寐，【注】言能早起夜卧而不倦。諷誦崇禮，行不貳過，【注】貳過也，有不善未嘗不知，知之未嘗復行。稱言不苟，【注】舉言有詩，不苟且已。是顏回之行也。【評】顏子有王佐之才，而天奪之速，不得大有爲于天下，深可惜也。若逢有德之君，出受顯命，④不失厥名。【注】已遇明君，則顏再出而受顯尊之爵，不墜其美名。

"在貧如客，【注】不以貧累志，如在客也。使其臣如借，【注】不有其臣，如借使之。不遷怒，不深怨，不錄舊非，⑤【注】不遷怒於人，不深怨於人，亦不計人已過之抉。是冉雍之行也。【評】夫子與雍不怒之意，而告之以《詩》，曰："靡不有初，鮮克有終。匹夫不怒，惟以忘其身。"⑥

"不畏强禦，【注】勇服於人，故不畏。不侮鰥寡，⑦【注】哀斯人也，故不侮。其言循性，【注】循性，不惡其情。才任治戎，【注】其才可以治軍旅。是仲由之行也。孔子和之以文。【注】子路，勇者，夫子以文德和柔也。强乎武哉，文不勝其質。【注】子路雖强勇也，但文不勝其質。【評】此夫子和仲由以文之義，《詩》曰："受小拱大拱，而爲下國駿龐，荷天子之寵，不戁不悚，敷奏其勇。"

"恭老恤幼，不忘賓旅，【注】敬老慈幼，雖在於賓，亦不忘也。好學博藝，省物而勤

---

① "弟"，應爲"牟"，疑形近而訛。"衛將軍文子"，王肅注曰："衛卿，名彌牟也。"
② "教也"，漫漶不清，據黃魯曾本補。
③ "爲"，下一字本漫漶不清，根據下文"君子有命而譏賜"判斷，此處應爲"譏"。
④ "出"，黃魯曾本、劉祥卿本、何孟春本皆作"世"。
⑤ "非"，黃魯曾本、劉祥卿本、何孟春本皆作"罪"。
⑥ "忘"，《四庫全書》本《孔子家語》作"亡"。
⑦ "鰥"，黃魯曾本、劉祥卿本、何孟春本皆作"矜"。

也，【注】勤於六藝之文，不倦其力，以味其義也。是冉求之行也。①孔子語之曰：'好學則智，衂孤則惠，恭則近禮，勤則有繼。'【注】勤則常不間斷。

"齊莊而能肅，志通而好禮，擯相兩君之事，【注】兩君會盟之事也。篤雅有節，【注】篤厚雅正，有中乎節也。是公西赤之行也。孔子曰：'二三子之欲學賓客之禮者，其於赤也。'滿而不盈，【注】能持滿而不盈。實而如虛，【注】雖飽於實理而常若虛。過之如不及，【注】作事雖已，是猶如未是，不自足也。先王難之。【注】是先王之所難也。

"其貌恭，其德敦，其言於人也，無所不信，其驕大人也，②常以浩浩，【注】富貴之人也，常以浩浩之氣藐之。是曾參之行也。孔子曰：'孝，德之始也；悌，德之序也；信，德之厚也；忠，德之正也。參行夫四德者也。'【注】曾子常即四者之德而行之。【評】曾子之學，獨得其宗於夫子，深與之言而見之也。

"美功不伐，【注】不以美功而矜。貴位不喜，③【注】不以貴爵而樂。不侮不佚，【注】侮佚，貪功慕位之貌。不傲無告，【注】不侮鰥寡孤獨之人也。是顓孫師之行也。孔子曰：'其不伐，則猶可能也；【注】言其不矜伐，未足爲難。其不弊百姓，則仁也。'【注】其不弊於百姓，可謂仁矣。夫子以其仁爲大，【注】大子張之仁也。學之深。送迎必敬，上下交接若截焉，④【注】上與人交，下與人接，截然明白也。是卜商之行也。【評】師也過，商也不及，以其所學、所守異耳。

"貴之不喜，【注】人貴之，亦不喜也。賤之不怒，【注】人賤之，亦不怒也。苟利於民矣，廉行於己，⑤【注】在己以清白自處，在人則利之而不傷也。是澹臺滅明之行也。先成其德，⑥及事而用之，【注】凡事必先成其思慮，及事至則用之。故動則不妄，是言偃之行也。【評】朱子云："取人以子游爲法，以其知子羽也。"⑦

"獨居思仁，【注】至於家也，則思仁。公言仁義，一日三復白圭之玷，【注】玷，缺也。一日三復，則敬之至也。此宮縚之行也。⑧自見孔子，未嘗越禮，【注】見夫子之後，

① "冉求"，原本漫漶不清，據黄魯曾本補。
② "大"，黄魯曾本、劉祥卿本作"於"，何孟春本此處簡省。
③ "喜"，何孟春本同，黄魯曾本、劉祥卿本作"善"。
④ "上下交接"，黄魯曾本、劉祥卿本、何孟春本皆作"上交下接"。
⑤ "廉行於己"，黄魯曾本、劉祥卿本、何孟春本皆作"廉於行己"。
⑥ "德"，黄魯曾本、劉祥卿本、何孟春本作"慮"。根據注釋"凡事必先成其思慮"，此處應爲"慮"。
⑦ 《四庫纂疏論語纂疏》卷三："取人以子游爲法，則無邪媚之惑。"
⑧ "此"，與劉祥卿本同，黄魯曾本、何孟春本作"是"。

凡出入未嘗越其禮也。足不履影，啓蟄不殺，【注】春分蟄蟲啓户，此時不復殺生。方長不折，【注】春夏長養之時，不折草木。執親之喪，未嘗見齒，【注】居父母之喪，無笑容也。是高柴之行也。【評】南容之慎言，高柴之慎行，事具見於此。

“凡此諸子，賜之所親觀者也。①【注】乃賜親見者也。君子有命而譏賜，②賜也固不足以知賢。”【注】言不足以知人之賢，乃子貢謙詞也。【評】此與夫子“舉直錯諸枉，則民服”③意同。【評】亦是子貢方人處，條條描寫如見目前。

賢君第十三

【注】衛靈公，無道之君也，夫子猶以爲賢，以其用得其人也。哀公不能用夫子，反出靈公下矣。

哀公問於孔子曰：“當今之君，孰爲最賢？”孔子對曰：“抑有衛靈公乎？”【注】子言衛靈公乃賢君也。公曰：“何也？”【注】公問靈公何得爲賢也。曰：“公子渠牟，【注】靈公之弟。其智足以治千乘，其信足以守之，靈公愛而任之。【注】公愛渠牟，而任用之。又有士林國者，見賢必進之，【注】有國士曰林國者，見有賢人則進於君，而用之也。而退與分其禄，【注】君而不用，則分己俸與人。是以無游放之士，靈公賢而尊之。【注】公以林國爲賢，而尊禮之。又有士曰慶足者，【注】又有國士，名慶足者。國有大事，則起而治之，【注】衛國有大事，則起足出而治之。無事則退而容賢，【注】無事則退，欲以容賢也。靈公悦而敬之。【注】公喜慶足，而敬重之。又有大夫史鰌，以遁去衛，【注】有故而去國。而靈公郊舍三日，【注】公出郊舍，以自悔責也。必待史鰌之入而後敢入。【注】待史鰌反國而後歸也。臣以此取之，【注】今者以此靈公爲賢君也。不亦可乎？”【評】衛有史魚，知伯玉賢而見棄，又知彌子爲佞而見用，史魚以不能進伯玉、退彌子瑕爲憾。既死，猶以屍諫，公始悟。

子貢問於孔子曰：“今之人臣，孰爲賢？”子曰：“吾未識也，往者齊有鮑叔，鄭有子皮，則賢者矣。”【注】但昔齊有鮑叔，鄭有子皮，是賢人也。【評】評品列國諸大夫。子貢曰：“齊無管仲，鄭無子産乎？”【注】子貢言管仲，齊之賢臣；子産，鄭之賢臣。今曰鮑叔、子皮二人而已，然則齊無管仲，鄭無子産乎？子曰：“賜，汝聞用力爲賢乎？進賢爲賢

---

①　“觀”，與何孟春本同，黄魯曾本、劉祥卿本作“睹”。
②　“譏”，黄魯曾本、劉祥卿本、何孟春本均作“訊”。
③　“舉直錯諸枉，則民服；舉枉錯諸直，則民不服。”出自《論語·爲政篇》。

乎？"【注】子呼子貢曰："汝所聞是以用力於當時者爲賢，是以進賢於其君者爲賢乎？"言此以詰之也。【評】殊見《春秋》大義，亦可謂一字之衮鉞也。子貢曰："進賢賢哉。"【注】言進賢於君者爲然也。子曰："然，吾聞鮑叔進管仲，子皮進子産，未聞二人之進賢己之才者也。"①【注】未聞管仲、子産能進人才之賢於己者也。【評】進賢賢哉之言，深有契於天子之旨。

顔淵問於孔子曰："何以爲身？"子曰："恭敬忠信而已矣。恭則遠於患，敬則人愛之，忠則和於衆，信則人任之。勤此四者，可以正國，②豈特一身者哉？"【評】顏子善發聖人之藴，故於其言無所不悅。

子路問於孔子曰："賢君治國，③所先者何？"【注】賢君理國，其道何先？子曰："在於尊賢而賤不肖。"子路曰："由聞晋中行氏，【注】子路言由聞晋國有中行氏者也。尊賢賤不肖矣，其亡何也？"【注】能尊賢賤不肖，其國亦亡，何也？子曰："中行氏尊賢而不能用，【注】子言中行氏雖能尊賢，而不能用之。賤不肖而不能去。【注】雖能賤不肖，而不能去之也。賢者怨之，【注】賢者怨其不用己。不肖者讎。【注】不肖者惡其賤己，故與君爲仇。怨讎並存其國，【注】怨讎之人，皆在國中也。鄰敵構兵於郊，【注】鄰國結兵於郊野，與之爲敵也。雖欲無亡，豈可得乎？"【評】按，齊君之郭，問父老曰："郭何以亡？"父老對曰："其善善惡惡。"公曰："若子所言，乃賢君也。"父老曰："善善不能用，惡惡不能去，此所以亡也。"與夫子之論中行氏相類。

孔子喟然嘆曰："向使銅鞮伯華無死，【注】伯華，古之賢人也。使其不死而見用。天下其有定矣。其幼也，敏而好學；其壯也，勇而不屈；其老也，有道而能下人。"【注】及老成，有道德有能，謙以下人。【評】此夫子追思伯華之能有道下人，其不没人善，可見也。子路曰："好學有勇，則可也。【注】子路言伯華好學有勇，固可。若夫有道下人，何哉？"【注】伯華既有道，又何用下於人。子曰："吾聞以衆攻寡，無不克也；以貴下賤，無不得也。【注】以尊貴而下卑賤，則無有不得其民者。昔周公居冢宰之尊，制天下之政，【注】昔者周公爲冢宰，治天下之政也。而猶下白屋之士，【注】白屋，布衣之士也。欲得士之用也。【注】蓋欲得天下士而用之。惡有有道而不下天下君子？"【注】豈有自有其道，而不屈己天下之士？【評】吐握高風，不謂此處説出如見。

哀公問政於孔子。孔子對曰："政之急者，莫大乎使民富且壽也。【注】爲政

---

① 本句中三個"進"字，與何孟春本同，黄魯曾本、劉祥卿本作"達"。

② "正"，與劉祥卿本同，黄魯曾本、何孟春本作"政"。

③ "君"，底本作"者"，據黄魯曾本、劉祥卿本、何孟春本及上下文意改。

能使百姓財用充足，壽考維期，①此其最大者也。【評】此亦藏富於民，意同。省力役，【注】使民以時。薄賦斂，【注】取民以利。則民富矣；敦禮教，遠罪戾，②【注】使人遠於罪戾。則民壽矣。"公曰："寡人欲行夫子之言，恐吾國貧矣。"【注】將恐吾國貧乏。孔子曰："《詩》云'愷悌君子，民之父母'。未有子富而父母貧者也。"③【注】未有人子既富，而父母獨貧乏者。④【評】使民富而且壽，則國之元氣固，此之謂民之父母。

---

① 《詩經·大雅·行葦》："壽考維祺，以介景福。"
② "戾"，與何孟春本同，黃魯曾本、劉祥卿本作"疾"。
③ "父"後二字漫漶不清，據黃魯曾本、劉祥卿本補。
④ "獨"後三字漫漶不清，據劉祥卿本補。

卷　　二

辯政第十四

【注】此因國君問政，而聖人答其政事之不同，故子貢辨其詳。故以名篇，而政之爲義不外是矣。

子貢問於孔子曰："昔者齊君問政，夫子曰：'政在節財。'【注】節，省也。魯君問政，夫子曰：'政在諭臣。'【注】諭其臣下，使正職也。葉公問政，夫子曰：'政在悅近而來遠。'①【注】中國之民喜悅，遠近來歸。三者之問一也，【注】三者問政之一。而夫子應之不同，【注】夫子答之不同。然政在異端乎？"【注】豈言政在於多端乎？【評】子貢以言觀聖人，故有此問。

子曰："各因其事也。【注】夫子言皆各因其失，而對不同。齊君爲國，奢乎臺榭，淫乎苑囿，【注】侈臺榭之華麗，溺苑囿之宴樂。【評】築土曰臺，有木曰榭，苑囿者，繁育花木鳥獸之所也。五官伎樂，不懈於時，【注】其侵官妓樂，②無一時少息。一旦而賜人以千乘之家者三，【注】一日賞大夫之官者三人。故曰'政在節財'。魯君有臣三人，【注】孟孫、叔孫、季孫三人也。內比周以愚其君，【注】內則結黨，愚惑其君。外距諸侯之賓，以蔽其明，【注】外距諸侯之客，以蔽君之聰明。故曰'政在諭臣'。夫荊之地廣而都狹，民有離心，莫安其君，③【注】百姓有離散之心，不遑啓處者矣。故曰'政在悅近而來遠'。此三者所以爲政殊矣。"【注】以此三者，故爲政不同。【評】呂東萊曰："諫之道有三難焉：遠

---

① "來遠"，劉祥卿本、何孟春本同，黃魯曾本作"遠來"。
② "侵"，劉祥卿本注作"伶"，當作"伶"。
③ "君"，黃魯曾本、劉祥卿本、何孟春本皆作"居"。

則勢不接，疏則情不通，驟則理不究。”①

孔子曰：“忠臣之諫君，有五義焉。一曰譎諫，【注】正其事以諫其君也。二曰戇諫，【注】戇諫，無文飾也。三曰降諫，【注】卑降其體，所以諫也。四曰直諫，【注】以直道而諫也。五曰諷諫。【注】借他事引援其諫。唯度主以行之，吾從其諷諫乎！”

子貢問於孔子曰：“夫子之於子產、晏子，可謂至矣。【注】夫子待二子之甚也。敢問夫子所以與之者。”【注】敢問夫子何如而取之。子曰：“夫子產於民爲惠主，【注】子言子產治民，可謂德惠之主。於學爲博物。【注】其於爲學，乃博物之君子。晏子於君爲忠臣，而行爲敬敏。②【注】所行恭敬，其敏速。【評】夫子不没人善，於此可見。吾皆以兄事之。”【注】我故以事兄之禮事二子。【評】夫子爲生知之聖，故於善幾之來，善必先知之，不善必先知之也。

齊有一足之鳥，飛集於公朝，舒翅而跳。齊侯怪之，【注】齊君以爲異，不知何物也。使使聘魯問孔子。【注】問夫子此爲何物。子曰：“此鳥名商羊，水祥也。【注】子言此鳥名爲商羊，主有水災。昔兒童展脚振肩而跳，③【注】昔有小兒屈其一足，振動兩肩而跳躍。且謡曰：‘天將大雨，商羊鼓舞。’今齊有之，其應至矣。【注】今齊國有此鳥，童謡之言應矣。急告民趨治溝渠，修隄防，將有大水爲災。”【注】言速命百姓修其溝渠，治其隄防，不久則將有大水爲災。頃之大霖，雨水溢泛諸國，傷害人民。【注】他國人民皆被洪水所害。唯齊有備，不敗。【注】唯齊國之防備，故不爲害也。景公曰：“聖人之言，信有徵矣。”【評】楚有萍實之謡者，齊有商羊之謡，何獨於夫子而聞之，而齊楚之民未聞傳此事？蓋夫子之至誠如神，能知人之不知，特借童謡以證真言之有稽耳。

孔子謂宓子賤曰：“子治單父，衆悦，【注】汝治單父而民喜悦。子何施而得之也？”【注】汝何爲而得民之喜悦也？對曰：“此地民有賢於不齊者五人，【注】不齊，子賤名。不齊事之而稟度焉。”【注】凡事皆取稟之，以爲法度。【評】此子賤之所以爲君子者，以其能取也。孔子嘆曰：“昔堯舜聽天下，務求賢以自輔。夫賢者，百福之宗也，神明之主也。惜乎，不齊之以所治者小矣。”【注】可惜子賤小於爲治。

子貢爲信陽宰，將行，辭於孔子。孔子曰：“勤之慎之。吾聞知爲吏者奉法

---

① 吕東萊，即吕祖謙，南宋浙東思想家。

② “敬”，何孟春本同，黄魯曾本作“恭”。

③ “展脚振肩而跳”，黄魯曾本作“有屈其一脚，振訊兩眉而跳”，何孟春本作“屈一脚，振肩而跳”。

以利民，不知爲吏者枉法以侵民，此怨之所由也。治民莫若平，①【注】治民莫若公平。臨財莫如廉，【注】見財莫如清廉。廉、平之守，不可改也。【評】勤、愼、廉、平，爲宰之道，無以加此。②匿人之善，斯爲蔽賢；揚人之惡，斯爲小人。內不相訓，而外相謗，非親睦也。言人之善，若己有之；【注】他人有善，如其自有善也。言人之惡，若己受之。故君子無所不愼焉。”【注】是以君子之人，無所不用其教。【評】隱惡揚善，立身涉世之第一關也。

子路治蒲三年，孔子過之。入其境曰：“善哉由也，恭敬以信矣。”入其邑曰：“善哉由也，忠信而寬矣。”至庭曰：“善哉由也，明察以斷矣。”子貢執轡而問曰：“夫子未見由之政，而三稱其善，其善可得聞乎？”【注】其政之善，可知與否？【評】夫子三善子路治蒲之政，於子貢之問，而詳言其所以善也。孔子曰：“吾聞其政矣。其境田疇盡易，草萊甚辟，溝洫深治，此其恭敬以信，故其民盡力也；入其邑，牆屋完固，樹木茂甚，③此其忠信以寬，故其民不偸也；【注】故蒲之民俗，不偸薄也。至其庭，庭且清閒，④【注】公庭無事。諸下用命，此其明察以斷，故其政不擾也。以此觀之，雖三稱其善，庸盡其美乎？”【注】雖三次稱美其善，不足以盡其美也。【評】子路有此三善，其彬彬政事之科，誰謂其徒有兼人之勇已也。

六本第十五

【注】士君子立身行己，不出六本。六本舉，而修、齊、治、平之道，不外是矣。故以名篇，其垂教無方矣。

孔子曰：“行己有六本焉，【注】夫子言人之一身，所行有六本。然後爲君子。立身有義矣，而孝爲本；【注】善事父母之孝，故爲知本。此之謂也。喪紀有禮矣，而哀爲本；【注】送終之禮，故以哀爲本。戰陣有列矣，而勇爲本；【注】陣伍之間，雖有行列之次序，故以勇爲本。治政有理矣，而農爲本；【注】治國之政，在民以食爲天，農事故爲之本。居國有道矣，而嗣爲本；【注】居國家之上，雖有要道，然非立子則社稷無所繼托，故爲之本。生財有時矣，而力爲本。”【注】財貨之入，雖有時節，然非力本，無以得之，故盡力爲本。【評】《論語》云：“君子務本，本立而道生。”此之謂也。

---

① “民”，黃魯曾本、劉祥卿本、何孟春本均作“官”。
② “勤、愼、爲”，三字漫漶不清。
③ “茂甚”，黃魯曾本、劉祥卿本作“甚茂”。
④ “且”，黃魯曾本、劉祥卿本作“甚”。

孔子曰："良藥苦口而利于病，【注】良藥雖苦人口，而益於疾病。忠言逆耳而利於行。【注】忠梗之言雖逆人聽，而利於所行。湯武以諤諤而昌，【注】商湯、周武由聽諤諤言，①故昌盛。桀紂以唯唯而亡。【注】夏桀、殷紂其臣順意唯唯，故亡國。【評】《詩》曰"惟木從繩則正，后從諫則聖"，②湯武之謂也。又曰"僕臣諛，厥后自聖"，桀之謂也。③君無爭臣，父無爭子，兄無爭弟，士無爭友，無其過者，未之有也。【注】君、父、兄、士，若無人諫諍，欲自少其過失者，未有也。故曰：'君失之，臣得之；【注】君有過，臣得以諫。父失之，子得之；【注】父有過，子得以諫。兄失之，弟得之；【注】兄有過，弟得以諫。己失之，友得之。'【注】己有過，友得以諫。是以國無危亡之兆，家無悖亂之惡，【注】國不至於危亡，家不至於悖逆。父子兄弟無過，④而交友無絶也。"

孔子讀《易》，至於"損""益"，【注】"損""益"，二卦名。喟然而嘆。子夏避席而問曰："夫子何嘆焉？"孔子曰："夫自損者必有益，【注】人能自損，則有所益。自益者必有決之，【注】自益者，必至於決決。吾以是歎也。"【評】"益"之《象》曰："損上益下，民說無疆。自上下，其道大光。"⑤《象》曰："風雷，益，君子以見善則遷，過則改。"⑥"損"之《象》曰："損下益上，其道上行。"《象》曰："山下有澤，君子以懲忿窒欲。"⑦

子夏曰："然則學者不可以益乎？"【注】子夏言，如此則學者不可益也？子曰："非道之謂也。【注】夫子言，非其道不可益。道彌益而身彌損。夫學者損其自多，【注】學者當知自損其益也。以虛受人，【注】以謙虛而容人。故能成其滿博哉。天道成而必變，凡持滿而能久者，未嘗有也。昔堯居天下之位，⑧猶允恭以持之，【注】敬信以持己。克讓以接下，【注】謙遜以接人。是以千歲而益盛，迄今而益彰。夏桀、昆吾，【注】昆吾國與夏桀作亂。自滿而無極，⑨【注】自滿不止。亢意而不節，【注】恣意而不知節也。斬刈黎民如草芥焉。【注】殺戮百姓如刈草芥。天下討之，如誅匹夫，【注】天下共伐之，如殺一匹夫焉。是以千歲而惡者，迄今而不滅。"【注】千載而下，其惡愈著。【評】此

---

① "諤諤"，原作"諤二"，此"二"字爲古人之重複字符號。
② "惟木從繩則正，后從諫則聖"，出自《尚書·説命上》。
③ "僕臣諛，厥后自聖"，出自《尚書·冏命》。
④ "過"，黃魯曾本、劉祥卿本、何孟春本均作"失"。
⑤ 《周易注》卷四："自上下下，其道大光。"原評脱一個"下"字。
⑥ 《周易注》卷四："君子以見善則遷，有過則改。"原評脱"有"字。
⑦ 《周易注》卷四："山下有澤，損，君子以懲忿窒欲。"原評脱"損"字。
⑧ "居"，劉祥卿本、何孟春本同，黃魯曾本作"治"。
⑨ 此句黃魯曾本作"自滿而極"。

即堯之克讓，桀之自滿，以爲損益之筌。《書》曰"滿招損，①謙受益"，時乃大道。

　　孔子曰："吾死之後，則商也日益，【注】孔子言我死後，子夏日有所益。賜也日損。"【注】子貢日有所損。曾子曰："何謂也？"子曰："商也，好與賢己者處【注】子夏好與勝己之人相處。賜也，悅不若己者處。②【注】子貢好與不如己者相處。【評】又曰："能自得師者王，謂人莫己若者。"③故君子之學，當謙虛以受人，毋賢智以先人也。

　　"不知其子，視其父；【注】不知其子之善惡，惟觀其父而可見。不知其人，視其友；【注】不知其人之善惡，惟觀其所交之友而可見。不知其君，視其所使；【注】不知其君之善惡，惟觀其所用之人。不知其地，視其草木。【注】不知其地土之肥瘠，惟觀草木之榮瘁如何。故曰與善人居，如入芝蘭之室，久而不聞其香，即與之化矣。【注】雖不聞其香氣，與芝蘭俱化矣。與不善人居，如入鮑魚之肆，久而不聞其臭，亦與之化矣。【注】雖不聞其臭氣，與鮑魚俱化矣。丹之所藏者赤，【注】藏丹處必赤。漆之所藏者黑。【注】藏漆處必黑。是以君子必慎其所與處者焉。"

辨物第十六

【注】辨物非辨物之爲物，乃辨物之理，即致知格物之説。以此名篇，其窮理盡性所在乎。

　　郯子朝魯，魯人問曰：【注】魯人，叔孫昭子也。"少昊氏以鳥名官，何也？"【注】少昊，金天氏也。少昊以鳥名官，故魯人發問。對曰："吾祖也，我知之。【注】郯子言少昊氏，我之祖也，我知其以鳥名官之故。昔黃帝以雲紀官，故爲雲師而雲名。【注】黃帝，軒轅氏也。以雲紀其官長，而爲官名者也。炎帝以火，【注】神農以火名。共工以水，【注】共工伯九州，以水名官。太昊以龍，④【注】包儀氏以龍紀官。其義一也。我高祖少昊摯之立也，【注】我高祖少昊氏之初立也。摯，少昊名。鳳鳥適至，是以紀之於鳥，故爲鳥師而官名。⑤【注】故以鳥紀爲官名也。自顓頊氏以來，不能紀遠，乃紀於近，爲民師而民命以民事，⑥【注】以民而紀官，以民事而名官也。則不能故也。"【注】言不能紀遠也。孔

---

① "招"，底本作"昭"，"滿招損，謙受益"出自《尚書·大禹謨》，據《四庫全書》本改。
② 此句黃魯曾本作"賜也好説不若己者"，劉祥卿本、何孟春本作"賜也好説不若己者處"。
③ 《尚書·仲虺之誥》："能自得師者王，謂人莫己若者亡。"原評語脱一個"亡"字。
④ "太"，劉祥卿本、何孟春本同，黃魯曾本作"大"。
⑤ "官名"，劉祥卿本同，黃魯曾本、何孟春本均作"鳥名"。
⑥ 此句共三個"民"字，黃魯曾本、劉祥卿本、何孟春本作"爲民師而命以民事"，疑底本衍"命"上第二個"民"字。

子聞之，遂見郯子而學焉。【注】遂往見之，乃就學也。【評】史記云："鳳鳥氏，曆正也。"①鳳有道則見，知曆正之官。玄鳥氏，司分；青鳥氏，司啓；丹鳥氏，司閉；五鳩氏，聚其民而治之義也；五雉氏，爲五工正，主制器利民之用也；九扈氏，爲九農正，主稼穡粒民之食也。

　　叔孫氏之車士曰子鉬商，【注】叔孫氏，魯大夫。車士，指其牛車者。子，姓也。鉬商，名者。採薪於大野，獲麟焉。折其前左足，載以歸。叔孫以爲不祥，棄之於郭外。使人告孔子。孔子往觀之，曰："麟也。【注】麟爲聖人之瑞，惟聖人能識之。胡爲來哉？胡爲來哉？"【注】疊而言之者，傷嗟之甚。反袂拭面，涕泣沾襟。叔孫聞之，然後取之。

　　子貢問曰："夫子何泣爾？"【注】夫子爲道而悲，門人不知其意，故子貢問夫子何爲而泣。孔子曰："麟之至，爲明王也。出非其時而見害，吾是以傷焉。"【注】此吾所以爲感也。【評】按《胡傳》曰："魯史成經，麟出于野。"②則《春秋》之作，在獲麟之先。林堯叟解曰："孔子先有制作之意，又爲獲麟所感，乃作《春秋》。"則《春秋》之作，在獲麟之後者爲是。③

哀公問政第十七

【注】哀公問政，夫子告以達德、達道、九經之屬，而歸本於明善、誠身。其以天德爲王道者乎？

　　哀公問政於孔子。孔子對曰："文武之政，布在方策。【注】夫子答，言文王、武王之政事，布在《詩》《書》方策之中。其人存，則其政舉；【注】文武在，則舉其政而行之。其人亡，則其政息。【注】文武既滅，則其政滅矣。天道敏生，【注】天道之速於物生。人道敏政，【注】人道之速於行政。地道敏樹。【注】地道之速於敏樹。夫政也者，蒲盧也，④【注】蒲盧，易生果也。人君爲政，化百姓，亦如蒲盧易生之速也。【評】"蒲盧"訓作"螺蠃"，沈括作"蒲葦"。自敏樹言之，譬之敏生，則螺蠃亦通爾。⑤附，螺蠃運泥作房取桑，⑥雖負之七日，而化爲子，其祝聲曰"類我""類我"。一云蒲蘆，以其音之似也。待化而成，【注】化民以成其政也。故爲

---

①　此句見於《左傳·昭公十七年》。

②　胡安國，字康侯，謚號文定，宋代建甯崇安（今福建武夷山市）人，湖湘學派的奠基人，著有《春秋傳》，簡稱《胡傳》。

③　"麟之後"三字漫漶不清，據前後文意補。林堯叟，宋人，爲《音注全文春秋括例始末左傳句讀直解》七十卷作注，現有宋刻本留存，另有《左傳杜林合著》。《左傳杜林合著》集合杜預《春秋左傳序》、林堯叟《春秋左傳綱目》、蘇軾《春秋列國圖説》及《東坡指掌春秋圖》。通行的《左傳》注本，以杜預、林堯叟合注本最爲簡便，自明天啓間杭州人王道焜、趙如源合刊爲一書，通稱爲《左傳杜林》。舊日初習《左傳》者，多從此書入手。

④　"蒲"，黃魯曾本、劉祥卿本、何孟春本"蒲"前均有"猶"字。

⑤⑥　"蠃"，底本誤作"贏"。

政在於得人。【注】政在於得賢臣以自輔。取人以身，【注】取人之則，又在乎君之一身。修道以仁。仁者，人也，【注】人身俱此生理，自有慈愛之意。親親爲大；【注】仁之用，莫大於親親。義者，宜也，【注】分別事理，各得其宜。尊賢爲大。親親之殺，【注】殺，謂教化。尊賢之等，【注】等，謂差等。禮所生也。【注】禮所以節斯二者。禮者，政之本也，是以君子不可以不修身。【注】爲政在人，取人以身，其故此也。思修身，不可以不事親；【注】修道以仁故也。思事親，不可以不知人；【注】欲盡親親之仁，必由尊賢之義。思知人，不可以不知天。【注】親親、尊賢，皆天理也。

　　“天下之達道有五，其所以行之者三。【注】知、仁、勇也。曰君臣也、父子也、夫婦也、兄弟也、①朋友也，五者天下之達道；【注】上古五者，天下古今所共由之路也。智、仁、勇，【注】智，所以知此。仁，所以體此。勇，所以强此。三者，天下之達德也。【評】達道者，天敍天秩之典；達德者，知行交致之功。要之，本於一誠而已。所以行之者，一也。【注】一者，誠也。或生而知之，【注】生知者，智也。或學而知之，【注】學知者，仁也。或困而知之，【注】困知者，勇也。及其知之，一也。【注】合三者而言，皆知之事，而知之者勇也。或安而行之，【注】安行者，智也。或利而行之，【注】利仁者，②仁也。或勉强而行之，【注】勉强行者，勇也。及其成功，一也。”【注】合三行而言，皆仁者之事，而成功者難也。

　　宰我問於孔子曰：“吾聞鬼神之名，而不知所謂，敢問焉。”③孔子曰：“人生有氣有魂。氣者，神之盛也。夫生必死，【注】有生必有死。死必歸土，此謂鬼；【注】死而必葬於土，故謂之鬼。魂氣歸於天，此謂神。【注】其魂氣則上升於天，故謂之神，明靈也。【評】周子曰：④“鬼神二氣之良能。”凡來而伸者爲神，往而屈者爲鬼。無物不有，無時不然。若求於著萬懊愴之中，而曰鬼神專在是焉，則舛矣。合鬼與神而享之，教之至也。【注】合鬼神而事之，孝道之全。孝者，教之所由生也。故築爲宮室，設爲宗祧，【注】宗，親廟也；祧，遠廟也。春秋祭祀，以別親疏，教民反古復始，【注】教百姓，使知思古報本。不敢忘其所由生也。昔者文王之祭也，事死如事生，思死而不欲生。【注】思親之死，而自不忍生。忌日則必哀，【注】父母死日，必致其哀。稱諱則如見親，【注】稱父母之名，則如見父母。祀之忠也。【注】祭祀之盡忠也。《詩》云：‘明發不寐，

---

　　①　“兄”，黃魯曾本、劉祥卿本、何孟春本皆作“昆”。
　　②　“仁”，根據原文及前後文注釋，似應爲“行”。
　　③　“問”，底本誤作“間”，三校本均不誤。
　　④　“周子曰”，據《四庫全書》本《禮記集説》作“張橫渠曰”，《學易記》作“橫渠曰”，《四書蒙引》《西山讀書記》《天原發微》作“張子曰”。此處當爲“張子曰”。

有懷二人。'【注】達旦不寐，所思惟父母也。敬而致之，又從而思之，【注】恭敬而致祭，又從而致思者。孝子之情也，文王爲能得之矣。"【注】惟文王爲能得其道。【評】文王之純孝，以立人子之極也。

顏回第十八

【注】夫子門徒最多，惟稱顏回爲好學。觀此篇問答，則回之所好何學，可預覘其大端之要矣。

魯定公問於顏回曰："子亦聞東野畢之善御乎？"【注】東野畢，乃定公御者名。對曰："善則善矣，【注】答公言其御馬，固可謂善矣。然其馬將必佚。"【注】但所御之馬將恐不服應御，越駕而走矣。【評】此顏子借御以儆君也。【評】當回之對定公，公不悅其言，謂左右曰："君子誣人也。"及退三日，復來訊之曰："東野畢之馬佚，兩驂曳兩服入於廐。"公因召回。即其事也。公曰："何以知之？"【注】公又問顏回，言汝何以知其馬將佚。對曰："以政知之。【注】答言觀事而察。昔者帝舜巧於使民，造父巧於使馬。舜不窮其民力，造父不窮其馬力，是以舜無佚民，【注】舜無走佚之民。造父無佚馬。【注】造父無走佚之馬。今東野之御也，【注】今觀東野之御馬者也。升馬執轡，御體正矣；步驟馳騁，朝禮畢矣；【注】畢，盡也。歷險致遠，馬力盡矣，【注】盡，竭無餘。然而猶乃策馬不已。①臣以此知之。"【注】故知馬將必佚。

公曰："吾子之言，其義大矣，【注】公曰子言御馬，有御民之大義。願少進乎！"【注】便欲盡聞其言。回曰："臣聞之，鳥窮則啄，獸窮則攫，人窮則詐，馬窮則佚。【注】馬窮則必走佚。自古及今，未有窮其下而能無危者也。"【注】未有窮困於下民，而能無危亡之患者也。言此以警定公也。【評】楊子曰："御人之道視御馬，得其性不窮其力而已矣。"②得馬之性，不窮馬之力，斯爲良馬；得人之性，不盡人之力，斯爲良人御。故曰御與政通。

顏回問君子。孔子曰："愛近仁，度近智，爲己不重，爲己不輕，③君子也夫。"【注】此之謂君子。顏回問小人。孔子曰："毀人之善以爲辯，狡訐懷詐以爲智，幸人之有過，【注】無隱惡揚善之美。恥學而羞不能，【注】無不恥下問之功。小人也。"【注】此之謂小人。【評】君子、小人每每相反，於此可見。

顏回問子路曰："力猛於德，【注】勇力勝於德行。而得其死者，鮮矣，【注】鮮，少。

---

①　"策"，黄魯曾本、劉祥卿本、何孟春本均作"求"。

②　楊子，即楊朱，戰國初期思想家、哲學家，主張"貴己""重生""人人不損一毫"等思想，是道家楊朱學派的創始人。

③　"己"，黄魯曾本、劉祥卿本、何孟春本均作"人"。

盍慎諸焉?"叔孫武叔見於顏回,【注】武叔,魯大夫。武叔多稱人之過,而己評論之。顏回曰:"吾聞諸夫子曰:'言人之惡,非所以美己;【注】談人惡者,非美身之道。言人之枉,非所以正己。'【注】談人邪者,非正身之道。故君子攻其惡,無攻人之惡。"【注】是以君子之人,惟攻己之過惡,不攻他人之過惡。【評】古之君子,其責己也重以周,其待人也輕以約。①反此則小人矣。

顏回問於孔子曰:"臧文仲、武仲孰賢?"孔子曰:"武仲賢哉。"顏回曰:"武仲世稱聖人,而身不免於罪,是智不足稱也;【注】武仲爲季氏廢嫡立庶,爲孟氏所讒,出奔於齊。好言兵計,而挫銳於邾,是智不足名也。【注】武仲之好言兵計,而敗績於邾,可謂智乎? 夫文仲身歿,而言不朽,惡有未賢?"【注】立不朽之言,故以爲賢。【評】武仲與邾戰而敗績,國人頌之曰:"我君小子,侏儒是使,侏儒侏儒,使我敗于邾。"②孔子曰:"身歿立言,所以爲文仲也。然有不仁者三,不智者三,是則不及武仲也。"【注】言文仲有不仁、不智者各三事焉,所以不及武仲也。回曰:"可得聞乎?"孔子曰:"下展禽,【注】展禽,柳下惠也。下,在下位也。置六關,【注】魯本無關,文仲置六關,以税行旅。妾織蒲,【注】織蒲,蒲席也。文仲爲國家在於貪利。三不仁;【注】此三不仁之事也。設虛器,【注】蔡,天子之守龜,非文仲所宜居,故曰虛器。縱逆祀,【注】夏父弗忌爲宗伯,躋僖公於閔公之上,文仲縱而不禁也。祠海鳥,【注】海鳥曰"爰居",止于魯東門之上,文仲以爲神,令國人祠之。三不智。【注】此謂三不智之事也。【評】此夫子指文仲之不仁、不智,其劣于武仲可知矣,顏子未之察也。武仲在齊,齊將有禍,不受其田,以避其難,是智之難也。【注】武仲奔齊,莊公與之田,武仲知其將有難,辭而不受。夫臧武仲之智而不容於魯,抑有由焉,【注】武仲之智而不能容於魯,蓋有故焉。作而不順,施而不恕也夫。"【注】不順、不恕,欲廢嫡立庶,施於季氏。

顏回問於孔子曰:"小人之言有同乎君子者,不可不察也。"孔子曰:"君子以行言,小人以舌言。【注】君子之言立於德也,小人之言巧辯於舌也。君子於爲義之上相疾也,退而相愛;【注】急合爲義,是以相疾,而其情實相親也。小人於爲亂之上相愛

---

① "其責己也重以周,其待人也輕以約。"出自韓愈《原毀》篇。

② 該句出自《左傳·襄公四年》。《左傳·襄公四年》載:"臧紇救鄫侵邾,敗於狐駘……國人誦之曰:'……我君小子,侏儒是使,侏儒侏儒,使我敗於邾。'"杜預注:"臧紇短小,故曰侏儒。"臧武仲,即臧孫紇,又稱臧孫、臧紇,謚"武",臧文仲之孫,臧宣叔之子,魯國大夫,封邑在防(今山東費縣東北)。臧武仲早年長於宮中,深得魯宣公夫人喜愛,並被立爲臧氏的繼承人,曾任司寇,"孟孫惡臧孫,季孫愛之"。(《左傳·襄公二十三年》)但終不能見容于魯國,先逃到邾國後又逃到齊國。

也,退而相惡。"【注】樂並爲亂,是以相愛,而情實不相親也。【評】君子以同道爲朋,相疾而情實相親;小人以同利爲朋,相愛而實不相契,誠僞之辨也。

顏回問朋友之際如何。子曰:"君子之於朋友也,心必有非焉而弗能謂,【注】不忠告而善道之也。吾不知其仁人也,不忘久德,不思久怨,仁矣夫。"【注】有德於我者,久而不忘;有怨于我者,忘而不蓄,斯其謂之仁也。【評】忠告、善道所求乎朋友者,如是而已矣。

子路第十九

【注】子路,好勇人也。觀其初見夫子,而以尚勇爲問,則其行行之。習與不得,其死于此可行矣。

子路初見孔子,子曰:"汝何好樂?"對曰:"好長劍。"子曰:"吾非此之問也。【注】子言我問爾非爲劍之故。徒謂以子之所能,而加之以學問,【注】問汝既有所能,當加學問之益。豈可及乎?"子路曰:"學豈益哉?"【評】子路初見夫子,冠雄雞之冠,服戎者之服,伏劍而舞,自負其勇可見。

子曰:"夫人君而無諫臣則失正,【注】子言君無諫臣,則失正道。士而無教友則失聽。【注】士無友教,失於所聞。御狂馬不釋策,【注】御狂馬,而不得釋重策。操弓不反檠。【注】弓不反檠,然後可持。木受繩則直,人受諫則聖,受學重問,孰不順哉? 毀人惡士,①必近於刑。君子不可不學。"子路曰:"南山有竹,不揉自直,【注】子路又言南山之竹,不假矯揉而自直。斬而用之,達於犀革。【注】伐而爲箭,②可以貫於皮角之堅。以此言之,何學之有?"【注】何待於學。子曰:"括而羽之,鏃而礪之,【注】夫子言箭末用羽,箭頭用鏃。其入之不亦深乎。"【注】射入則深。【評】人不學不知道,學之有益於人大矣。子路蓋好勇不好學者,故夫子告之以此。

子路將行,辭於孔子。子曰:"贈汝以車?③ 贈汝以言乎?"子路曰:"請以言。"子曰:"不強不達,【注】子言人不以強力,則不能自達。不勞無功,不忠無親,不信無復,【注】信近於義,言可復也,今不信則不可。不恭失禮,【注】恭近於禮,遠恥辱也,不恭則失其禮。慎此五者而已。"子路曰:"由請終身奉之。"【評】老子曰:"富者贈人以財,仁者贈人以言。"夫子之言,蓋本如此。

---

① "毀人惡士",與何孟春本同,黃魯曾本作"毀仁惡仕",劉祥卿本作"毀仁惡士"。
② "箭",原作"辭",於義不通,據劉祥卿本改。
③ "車",與劉祥卿本同,黃魯曾、何孟春本均作"車乎"。

孔子相魯，齊人患其將霸，【注】齊恐魯有成霸之道。欲敗其政。乃選好女八十人，衣以文飾，而舞容璣，【注】衣文綉之衣，舞容璣之曲。及文馬四十，以遺魯君。【注】以貢獻於君也。陳女樂、列文馬于魯城南高門外。季桓子微服往觀之，將受焉。子路言於孔子曰："夫子可以行矣。"孔子曰："魯今且郊，【注】子言魯今方郊祀。若致膰肉大夫，[①]【注】若猶致肉分於大夫。是則未廢其常，【注】則是常禮猶不失也。吾猶可以止也。"桓子既受女樂，君臣淫荒，三日不聽國政，郊又不致膰俎，【注】郊祭又不致膰肉，如此則全無道矣。孔子遂行。【注】夫子見其廢禮，於是去之。【評】按：孔子一言大夫過制，而遂墮三都之城；再言顓臾不可伐，而遂寢季氏之欲；至於女樂之受，則不能諫止。吾以是知淫聲艷色，比禍利尤足以惑人，而無人情之所易溺，雖聖人亦未如之何也已。

澹臺子羽有君子之容，而行不勝其貌；【注】澹臺滅明有君子容貌，而行事不稱焉。宰我有文雅之詞，而智不充其辨。[②]【注】宰我言語雖文雅，而其智能不足以稱其辨。孔子曰："語云：【注】言俗語有云。'相馬以輿，【注】相馬，將觀駕車之時也。相士以居，【注】相士人，當觀其獨居之時也。弗可廢矣。'【注】不可以棄也。以容取人，則失之子羽；【注】以言貌取人，則取子羽而失矣。以辭取人，則失之宰予。"【注】以文詞取人，則取宰予爲失矣。【評】此言取人之法，不可以聲音、笑貌爲也。

孔篋問行己之道。【注】行己，修也，問修身之道。子曰："知而弗爲，莫如弗知；親而弗信，莫如勿親。樂之方至，樂而弗驕；患之所至，思而弗憂。"孔篋曰："行己已乎？"[③]【注】行己之道，如斯而止乎？子曰："攻其所不能，【注】己有不能，當攻治之。備其所不足。【注】己有不足，當備至之。毋以其所不能疑人，【注】勿以我不能，而疑人之能。毋以其所能驕人。【注】勿以己能，而驕人之不能。終日言，不遺己之憂；【注】言無口過，故不至有憂。終日行，不遺己之患，【注】行無怨惡，故不至於有患。惟智者能之。"【注】惟明哲之人能如此。【評】言、行，君子之樞機也。樞機之發，榮辱之主也。修身之道，惟於言行無所苟而已。

孔子爲魯司寇，見季康子，康子不悦。孔子又見之。宰予進曰："昔予也嘗聞諸夫子曰：'王公弗我聘，則弗動。'[④]【注】宰予述夫子之言，謂王公不我召，則不往見

---

① "肉"，黄魯曾本、劉祥卿本、何孟春本均作"於"。"膰"，祭肉也，此處似不必再重申"肉"。

② "辨"，黄魯曾本、劉祥卿本、何孟春本均作"辯"。

③ "行己已乎"，黄魯曾本、劉祥卿本、何孟春本均爲"行己乎"。根據注釋，底本原文"行己已乎"可訓釋爲"行己之道，如此就可以了嗎？"由此，"己"爲"行己之道"之意，"已"爲"結束""終止"之意。因而，"行己已乎"的意思符合上下文意，合理通順，"行己已乎"不爲訛誤。

④ 此句第一個"弗"，黄魯曾本作"不"。

之，須抱道自重也。夫子之於司寇也日少，而屈節多矣，【注】言夫子居位不久，而數見康子也。不可以已乎？"孔子曰："然，【注】言不可以止乎，夫子然之。魯國以衆相陵，以兵相暴之日久矣，【注】言魯以衆凌寡、以强凌弱久矣。而有司不治，則將亂也。其聘我者，孰大於是哉？"【注】有司不能治之以法，則將變亂。其聘我爲治，孰有後大於此哉？【評】朱子云："聖人心同天地，視天下猶一家，視中國猶一人，未嘗一日忘也。"其見季桓子者，亦憂時憫世之心，爲挽回治道之微權耳，豈爲屈節耶？

　　魯人聞之曰："聖人將治，何不自遠於刑罰？"【注】魯國之人聞夫子之言，相率而謂曰："聖人在位，以法治國，何不自遠刑罰？"自此之後，國無爭者。孔子謂宰予曰："違山十里，蟪蛄之聲，猶在於耳，故政事莫如應人。"【注】蟪蛄，蟬屬，去山十里，猶聞其聲，以其鳴之不已。言政事須慎聽之，而後行之也，大抵使其聞而改之之意也。【評】聖人爲治未幾而國無爭，民其德盛。化神如此，孰謂無俄頃之助哉！

　　孔子兄子有孔篾者，與宓子賤皆仕。孔子往過孔篾，而問之曰："自汝之仕，何得何亡？"對曰："未有所得，而所亡者三。【注】對言無所得，而反有亡事者三。王事若龍，【注】龍作礱字，看前後相因也。學焉得習，【注】言仕優則學，國事日不暇給，焉得爲學也。是學不得明也；俸祿少，饘粥不及親戚，是骨肉益疏也；【注】言所得之廩祿既少，雖饘粥之微不能惠及親戚，是使骨肉益見相疏也。公事多急，不得弔死問疾，是朋友之道闕也。【注】以事繁冗，急迫不暇，及弔死問疾以盡友情，故交道闕。所亡者三，即謂此也。"【評】明體而後可以適用，孔篾無從政之才，日不遑給，故學不得明而親友疏，處己、處人無一可者。夫子不悦，往過子賤，問如孔篾。【注】篾言所亡失者三事，正此謂也。夫子不以其言爲然，因不悦，往過子賤，其問亦如之。對曰："自來仕無所亡，有所得者三。【注】子賤言自筮仕以來，無所亡失，有所得者三事。始誦之，今得而行之，是學益明也；【評】孟子曰："夫人幼而學之，壯而欲行之。"①正如子賤所言。俸祿所共，被及親戚，是骨肉益親也；【注】所得之祿有餘，惠及親戚，是使骨肉益相親愛也。雖有公事，而兼以弔死問疾，是朋友篤也。"【注】雖有官事，而行有餘力，則弔死問疾，以篤朋友之義，所得者三。孔子喟然謂子賤曰："君子哉若人！【注】若人，指子賤也。魯無君子者，則子賤焉取此。"【注】明魯之多賢，見子賤能取友，以成其德也。【評】以一君子，取衆君子，子賤之賢可知矣。

　　孔子侍坐於哀公，公賜之桃與黍焉。哀公曰："請食。"孔子先食黍而後食桃，左右皆掩口而笑。【評】大聖人之所爲，衆人所不識也。公曰："黍者所以雪桃，【注】雪者，拂拭也。非爲食之也。"孔子對曰："丘知之矣。【注】公言黍非所食焉，拭桃之故

---

① "夫人幼而學之，壯而欲行之"，出自《孟子·梁惠王下》。

耳,夫子言丘已知其然也。然黍者,五穀之長,郊祀宗廟以爲上盛。【注】言黍爲美種,祭祀之粢盛,①粢盛不潔,不敢以祭。果屬有六,而桃爲下,祭祀不用,不登郊廟。吾聞之君子以賤雪貴,未有以貴雪賤。【注】言君子不辨物之貴賤也。今以五穀之長,雪果之下者,【注】今以五穀之長且貴,拭果之下且賤。是從上雪下,臣則爲妨於教、害於義,故不敢。"公曰:"善哉。"【注】言恐妨教害義,故不敢以黍雪桃也,公善其言。【評】黍稷上盛,達於神明,豈桃之下品比哉! 其貴賤區以別矣。

在厄第二十

【注】夫子之厄於陳、蔡者,無上下之交也。惟顏子言不容,然後見君子。其所以知夫子者,誠超出世俗矣。【評】按:危邦不入,夫子何依依於陳、蔡間歟? 蓋聖人之心,猶之天然,苟可以仕,削弱非所計也。其萬物一體、四海一家之心,可想見矣。若夫危邦不入之言,乃爲未至於聖者立法耳。聖人體道之大權,則不可執此以議之也。

楚昭王聘孔子,孔子往拜禮焉。路出於陳、蔡,【注】行至陳、蔡之間。陳、蔡大夫相與謀曰:"孔子聖賢,其所刺譏皆中諸侯之病,【注】其諷諫皆切中諸侯之失。若用於楚,則陳、蔡危矣。"【注】若夫子用於楚,則陳、蔡必危矣。遂使徒兵距,孔子不得行。【注】乃用其途舉兵攔孔子去路,不得行。絕糧七日,【注】孔子無食者,餓七日。外無所通,【注】外無別道所通。藜羹不充,【注】藜羹亦不克足於飢。從者皆病。孔子愈慷慨,誦絃歌不衰。【注】孔子益慷慨,誦絃歌不少絕也。乃召子路而問焉,曰:"吾道非乎?【注】吾道之不行,乃吾道之不是乎? 奚爲至於此?"子路慍,作色而對曰:【注】子路怒色而答。"君子無所困。意者夫子未仁與,【注】恐夫子未能盡於仁乎。人之弗吾信也;【注】故人不信也。意者夫子未智與,【注】又恐夫子之未至智乎。人之弗吾行也。【注】故人不使通行也。且由也,昔者聞諸夫子曰:'爲善者天報之以福,【注】善人則天報之以福。爲不善者天報之以禍。'【注】惡人則天報之以禍也。【評】人所難必者,天;所可必者,理。今夫子積德懷義,行之久矣,奚居之窮也?"【評】天降福善、禍淫,②陳蔡之厄,亦天之未定也。

子曰:"由未之識也,【注】子謂仲由,爾不知此理。吾語汝。汝以仁者爲必信也,【注】汝言仁者之人必取信於人乎? 則伯夷、叔齊不餓死首陽;【注】則夷、齊仁者必不當餓

---

① "粢盛",指古代盛在祭器内以供祭祀用的穀物。
② "降"字漫漶不清,依據句意填補。

死。汝以智者爲必用也,【注】汝言智者必見用於人乎? 則王子比干不見剖心;【注】則
比干不當爲紂所殺。汝以忠者爲必報也,【注】汝言忠臣必得君之報乎? 則關龍逢不見
刑;【注】則龍逢亦不當爲桀所殺。汝以諫者爲必聽也,【注】汝言諫臣必得君之聽乎? 則伍
子胥不見殺。【注】則伍員不當見殺於吳王矣。【評】此夫子歷引古人之仁、智、忠、良不偶於時
者以自擇。

　　"夫遇不遇者,時也;賢不肖者,才也。君子博學深謀,而不遇時者衆矣,
【注】世之賢才君子,不遇時者廣多。何獨丘哉!【注】豈獨我不遇哉! 且芝蘭生於幽林,
【注】芝蘭之草生於深谷之中。不以無人而不芳。【注】豈因無人往來而不吐其香乎? 君子
修道立德,不爲困窮而改節。【注】豈以一時之困,遂變其所守也?【評】君子之明德惟馨,
何嘗之子貢閬。①

　　"爲之者人也,【注】作則在人。生死者命也。是以晋重耳之有霸心,生於曹、
衛;【注】重耳爲公子時,奔於曹、衛。越王句踐之有霸心,生於會稽。【注】越王之有霸心,
困於會稽也。【評】引重耳、句踐爲證,則憂患爲安樂之階,士君子毋自謂不幸也。故居下而無
憂者,則思不達;②【注】在下位而無患難之憂,則思慮淺矣。處身而當逸者,③則志不
廣。【注】處身而務逸樂,則其志小。庸知其終始乎?"【評】先正云:"殷憂啓聖,多難興邦。"
信矣!④

　　子路出,召子貢,告如子路。【注】以告子路之言告子貢也。子貢曰:"夫子之道
至大,故天下莫能容,夫子盍少貶焉?"【注】夫子何不少自損抑? 子曰:"賜,良農能
稼,不必能穡;【注】種曰稼,斂曰穡。良農,能稼穡之人。良工能巧,不能順。【注】良工能
巧,不能每順人意。君子能修其道,綱而紀之,不必其能容。【注】未必人之能容。今
不修其道,而求其能容。【注】今乃不修其道,而求人之見容。賜,爾志不廣矣,思不
遠矣。"

　　子貢出,顔回入,問亦如之。【注】顔子入,夫子問之如問子貢之言。顔回曰:"夫子
之道至大,天下莫不能容。雖然,夫子推而行之,【注】然使夫子推行其道。世不我
用,【注】時君不能用也。有國之醜也,夫子何病焉?【注】夫子又何患之也。不容,然後
見君子。"【注】世不能容,乃見君子道大。【評】子貢以爲夫子之道大,而天下莫容,回也以爲天

---

　　① 此句疑有訛誤。疑當作:何嘗子之貴蘭。
　　② "達",黄魯曾本、劉祥卿本、何孟春本均作"遠","遠"似更恰當。
　　③ "當",黄魯曾本、劉祥卿本、何孟春本均作"常"。
　　④ "先正",指前代的賢臣、前代的君長等,語出《書・説命下》。《書・説命下》:"昔先正保
衡,作我先王。"

下莫不能容,所見自別。孔子欣然嘆:"回有是哉!"【注】誠有如此也。

　　子路問於孔子曰:"君子亦有憂乎?"子曰:"無也。君子之修行也,其未得也,【注】未得其志。則樂其意;【注】自能陶其情。既得之,【注】此志已遂。又樂其治。【注】又能安其事。是以有終身之樂,無一日之憂。【注】故君子常樂而不憂。小人則不然。【注】小人反是。其未得也,【注】所求未得。患弗得之;【注】唯恐不得。既得之,【注】既求得之。又恐失之。【注】又懼其失。是以有終身之憂,無一日之樂也。"【注】故小人常憂而不樂。【評】君子見大則心泰,心泰則無不足,無不足則富貴、貧賤處之一也,處之一則化而齊,有無入而不自得者,①故曰"君子日休,小人日訹"。

　　曾子弊衣而耕於魯,魯君聞之而致邑焉。固辭不受,【注】曾子堅辭不受。曰:"吾聞受人施者常畏人,【注】受賜於人者,見其人常忌畏。與人者常驕人。【注】以物與人者,見其人常驕怠之。縱君有賜,不我驕也,【注】雖使魯君有賜,而不驕怠于我。吾豈能勿畏乎?"【注】在我豈不畏之?【評】孔門之不願仕者,閔子、曾子、漆雕開數人而已。

入官第二十一

【注】君子學古入官,其所以事上。治民之道,貴請之有素。以此名篇,而學之體用盡是矣。【評】《周書》曰:"學古入官,議事以制,政乃不迷。其爾典帝作之師,無以利口亂厥官。"②正夫子告子張蒞治之意。

　　子張問入官於孔子。【注】謂當官治民之職。子曰:"安身取譽爲難。"【注】言居官身安,得其善譽者難也。子張曰:"爲之如何?"【注】子張又問,何如可以安身取譽也。子曰:"己有善勿專,【注】有善不專爲己有。教不能勿怠,【注】教民未能勿倦怠。已過勿發,【注】人已有失,無所傷害不發。失言勿掎,③【注】人有失言,勿掎角之也。不善勿遂,【注】已有不善,不可直遂行也。行事勿留。【注】當行之事,不可留滯。君子入官,自此六者,則身安譽至而政從矣。【注】則身安於己,譽得於人,而政令信從於下矣。且夫忿數者,獄之所由生也;【注】忿怒不常,故訟獄從此而生矣。距諫者,慮之所以塞也;④【注】不聽人諫,則思利必有所塞。慢易者,禮之所以失也;【注】輕忽於事,則失其禮。怠惰者,

---

　　①　"無入而不自得",語出《禮記·中庸》。
　　②　此語出自《尚書·周書·周官》。據《四庫全書》本,"帝"作"常",即"學古入官,議事以制,政乃不迷。其爾典常作之師,無以利口亂厥官。"
　　③　"掎",原作"倚",據黃魯曾本、劉祥卿本、何孟春本改,注釋同。
　　④　"慮",原作"患",據黃魯曾本、劉祥卿本、何孟春本改。

時之所以後也；【注】不勤於事，則失其時。奢侈者，財之所以不足也；【注】不能節用，則財不足也。專獨者，事之所以不成也。【注】自專而不任人，則事不成也。君子入官，除此六者，則身安譽至而政從矣。【評】前六者之當因，後六者之當革。

"故君子南面臨官而公治之，【注】君子南面治民，以公正之道。精智而略行之。【注】精於智慮，舉其要行之。進是利而除是害，【注】利於民者行之，害於民者去之。無求其報焉。【注】不求人報，則得人情矣。【評】自"故君子南面"以下，言民之所以得也。是故臨官不治則亂，亂生則爭之者至。【注】亂既生，則有忿爭之事矣。明君必寬宥以容其民，【注】明君治民，必尚寬宥以容。慈愛優游之，①【注】慈愛不嚴，優游不迫。而民自得矣。【評】《君陳》曰"寬而有制，從容以和"，②善政也。

"君上者，民之儀也；有司執政者，民之表也；邇臣便辟者，群僕之倫也。【注】邇臣爲便辟，執在事之，在古者爲衆之紀也。③故儀不正則民失，表不端則百姓亂，邇臣便辟，則群臣汙矣。【注】邇臣同於便辟，則群臣合好矣。【評】欲正身以正百官，正萬民，其端本澄源之道乎？

"古者聖王冕而前旒，④所以蔽明也；紘紞充耳，⑤所以蔽聰也。⑥水至清則無魚，人至察則無徒。枉而直之，使自得之；優而柔之，使自求之；揆之度之，使自索之。【注】揆度其法以開示之，使民自索求之也。民有小罪，必求其善，以赦其過；民有大罪，必原其故，以仁輔化；【注】當推原其所以犯，處以仁道，輔助而化之也。如有死罪，其使之生，則善也。【注】則以道使之得生，則善矣。是以上下親而不離，【注】故上下相親，而不離叛者也。道化流而不蘊。【注】道化流行，無所塵滯。此治民之至道矣。"【評】赦小過，原大罪，視民如子，于治道無遺蘊矣。子張既聞斯言，【注】既聞夫子所告前言者也。退而記之。【注】乃退而記之，不敢忘也。

----

① "游"，黃魯曾本、劉祥卿本、何孟春本作"柔"。

② 此句出自《尚書·君陳》。

③ "邇臣爲便辟，執在事之，在古者爲衆之紀也"，通行本《孔子家語》王注作："僻，宜爲辟。便辟，執事在君之左右者。"此注疑誤，當作："邇臣爲便辟，執事，在古者爲衆之紀也。"《大戴禮記》卷八："便辟者，群臣僕之倫也。"後有注曰："倫，理也，言是群臣群僕之綱理也。"與此注"在古者爲衆之紀也"意同。

④ "王"，黃魯曾本、劉祥卿本、何孟春本作"主"。"聖王"在古代文獻典籍中少有，疑此處應爲"聖主"，爲形近而訛。

⑤ 本句第二個"紘"，黃魯曾本、劉祥卿本、何孟春本作"紞"。紘，指皇帝冕冠上的繫繩，是絲條的一種。紞，是古時冠冕上用來繫瑱的帶子，或縫在被端用以區別上下的絲帶。二者意思相近，都是冕冠上的繫帶。

⑥ "蔽"，黃魯曾本、劉祥卿本、何孟春本作"掩"。

困誓第二十二

【注】子貢問厄學困道，遂以"困誓"名篇。觀是書也，所以爲志士固窮、達人安命者可識矣。

子貢問於孔子曰："賜倦於學，困於道矣，【注】賜也怠於問學，昧於行道。願息而事君，可乎？"【注】願少休息，出仕於君，何如也？【評】賜之願息，即求之自畫也。孔子曰："《詩》云：'温恭朝夕，執事有恪。'①【注】温和恭敬於朝夕之間，而執其事之不敢忘。事君之難也，焉可以息哉！"曰："然則賜願息而事親。"孔子曰："《詩》云：'孝子不匱，永錫爾類。'②事親之難也，焉可以息哉！"【注】安得休息其學而願事親哉？蓋不學而事親，則必不能事親矣。【評】性與天道之密旨，若既有聞，將欲罷不能矣，何暇息哉？

孔子自衛將入晋，至河，聞趙簡子殺竇犨鳴犢及舜華，③【注】行至于河，乃聞趙簡子殺此三人，④蓋晋賢大夫也。乃臨河而嘆曰："丘之不濟，此命也。【注】我之不可渡此河者，天之命也。【評】觀夫子臨河之嘆，其知幾之神乎？丘聞之，刳胎殺夭，則麒麟不至其郊；【注】言人不仁，祥物不至。竭澤而漁，則蛟龍不處其淵；【注】取物而盡，則物亦不處也。覆巢破卵，則鳳凰不翔其邑。【注】色斯舉矣，翔而後集，此靈鳥之見幾也。鳥獸之於不義，尚知避之，【注】夫鳥獸見不義之處，亦能知退避。況於人乎？"【注】可以人而不如鳥獸乎？遂還息於鄒，【注】乃歸歇於鄒國。作槃琴以哀之。【注】以嘆三人見殺。【評】歷引靈物，俱以好生爲心。則人之過殺，誠聖人之罪人也。

子路問孔子曰："有人於此，【注】今有人焉。夙興夜寐，耕耘樹藝，手足胼胝，以養其親，然而名不稱孝，何也？"【注】自無孝子名，何也？孔子曰："意者身不教與，⑤【注】未能教其自身與。辭不順與，【注】言語之不順乎。色不悅與。【注】顏色之不悅乎。今盡力事親而無三日之闕，⑥【注】今能竭力以事其親。何謂無孝之名乎？"【注】

---

① "温恭朝夕，執事有恪"，出自《詩經·商頌·那》。

② "孝子不匱，永錫爾類"，出自《詩經·大雅·既醉》。

③ "犨"，原作"讐"，黃魯曾本、劉祥卿本、何孟春本均作"犨"。從下文"鳴犢"看，作"犨"當是。

④ "竇犨鳴犢及舜華"，底本注爲"三人"，劉祥卿本注爲"二人"，何孟春本下文云："趙簡子未得志之時須此兩人而後從政，及其得志而殺之。"據此當以二人爲是，竇犨鳴犢爲一人，舜華爲一人。

⑤ "教"，黃魯曾本、劉祥卿本、何孟春本作"敬"。"身不敬與"與後面的"辭不順與""色不悅與"並列，意思更加連貫、恰當，因此"教"可能爲"敬"之誤，爲形近而訛。

⑥ "事親而無三日之闕"，黃魯曾本、何孟春本、劉祥卿本作"養親而無三者之闕"。

何患名之不孝稱也。

孔子遭厄於陳、蔡之間，絕糧七日，弟子餒病，【注】從者皆飢困。孔子絃歌。【評】天下事有遇然之變，而聖心有不變之常，於此可見。子路入見曰："夫子之歌，禮乎？"孔子不應，曲終而曰："由，來，吾語汝。君子好樂，爲無驕也；小人好樂，爲無懾也。"【注】故君子好之，則無驕傲之態；小人好之，則無畏忌之志。子路悅，【注】子路聞言而喜。援戚而舞，三終而出。【注】執干戚以舞，三成而後出也。【評】此處亦見子路奇處，其慍見初不爲吾道而發也。

明日免於厄。【注】次日免其厄也。子貢執轡曰：【注】子貢爲夫子御，故執其轡也。"二三子從夫子而遭此難也，其弗忘矣。"孔子曰："善。【注】夫子善其言。夫陳、蔡之間，丘之幸也。【注】言陳、蔡之厄，乃我之有幸也。二三子從丘者，皆幸也。【注】二三子從我於陳、蔡者，亦有幸。吾聞之烈士不困行不彰，【注】忠烈之士不遇困，則節行不彰著也。庸知其終激憤、勵志之始於是乎？"①【注】又言遭此厄，非所以激憤，其勵志於今陳、蔡之厄也？言此以警二三子也。【評】楊子所謂："烈火中真金，疾風中勁草，雪霜高下而松柏獨有和氣者。"

孔子之宋，匡人簡子以甲士圍之。【注】匡人有簡子，以甲兵阻路。子路怒，奮戟將與之戰。【注】子路發怒，持劍欲與匡人交戰。孔子止之曰："惡有修仁義而不免世俗之惡者乎？【注】安有修仁義之君子能免世人之疾惡乎？夫《詩》《書》之不講，《禮》《樂》之不習，【注】不學習於《詩》《禮》。是丘之過也。若以述先王、好古法而爲咎者，【注】如述先王之道、古人之法，見惡當世之人如此。則非丘之罪也，命之！歌，【注】使仲由歌。②予和汝。"子路彈琴而歌，夫子和之，曲三終，匡人解甲而罷。【注】匡人遂退。

孔子曰："不觀高崖，何以知顛墜之患？【注】未上高山，不知顛危之險。不臨深泉，何以知沒溺之患？【注】未臨深淵，不知沉没之憂。不觀巨海，何以知風波之患？【注】未見大海，不知風波之危。失之者其不在此乎？③【注】人之失身，豈不在此三患也？士能慎此三者，則無累於身矣。"【注】言士能戒此三者之患，何者能累其身哉？言此以警二三子也。【評】君子之修身有道，仰不愧，俯不怍，無入而不自得者，此也。若臨患難，遇事變而遽失其所守，豈足以爲君子哉？

---

①　"終"，黄魯曾本、劉祥卿本、何孟春本作"非"。
②　"仲"，原誤作"伸"，據文意徑改。
③　"失之者其不在此乎？"黄魯曾本、何孟春本作"失之者其在此乎？"

衛蘧伯玉賢，而靈公不用；彌子瑕不肖，反任之。史魚驟諫，而不從。【注】驟，數也。史魚病將卒，命其子曰："吾在衛朝不能進蘧伯玉，退彌子瑕，【注】言吾在衛朝不能使君用伯玉之賢，去彌子瑕之不肖。是吾爲臣不能正其君也。生而不能正其君，則死無以成禮。①我死，汝置屍牖下，於我畢矣。"【注】古者死有棺槨之禮。史魚置屍牖下，雖不成禮，亦畢其願，所以示其忠也。欲諫之心至死不已，於此可見。其子從之。【評】夫子云："外寬而內正，自拯於隱括之中，直己而不直人，汲汲於仁，蓋蘧伯玉之賢也。"②

靈公弔焉，【注】靈公在弔敬臣之禮，當如是也。其子以其父言告公。公曰："是寡人之過也。"於是命之殯於客位。【注】公乃命殯於西階。進蘧伯玉而用之，退彌子瑕而遠之。孔子聞之曰："古之諫者，死則已矣。未有史魚死而屍諫，忠感其君者也，可不謂直乎？"【注】可謂直哉史魚。【評】衛南子曰："忠臣孝子，不爲昭昭信節，不爲冥冥墮行。"③伯玉，賢大夫也，仁而且智，敬而事上，是以知之。是公因其言固識伯玉之爲忠賢矣。

五帝德第二十三

【注】五帝者，黃帝、顓頊、帝嚳、唐堯、虞舜，皆以大德宰天下。降而三王，漸不及矣，況三代以下者乎？

宰我問黃帝。【評】黃榮伊曰："黃帝三百年，宰我問黃帝者，人也，抑非人也，何以能至三百年乎？"④孔子曰："黃帝生而神靈，弱而能言，【注】幼小便能言語。哲、春、齊、莊、敦、敏、誠、信。【注】又有此八者之德。長聰明，【注】及長則聰明。治五氣，【注】理五行之氣。設五量，撫萬民，【注】撫定萬民。度百姓。服牛乘馬，擾馴猛獸，以與炎帝戰于阪泉之野，【注】與神農氏之後相戰于阪泉。三戰而後克之。【注】三戰方得勝其戰也。【評】時蚩尤作亂，帝擒之於涿野，得四相而天下治，始有星官之書傳世。

"始垂衣裳，【注】上衣下裳。作爲黼黻。【注】白與黑謂之黼，若齊文黑與青謂之黻，若

---

①　"禮"字漫漶不清，據上下文意補。

②　此句出自黃魯曾本《弟子行第十二》。

③　衛南子（?—前481年），宋國公主，嫁衛靈公爲夫人。漢代劉向《列女傳·衛靈夫人》載："夫忠臣與孝子，不爲昭昭變節，不爲冥冥墮行。"《儀禮經傳通解》《鶴林玉露》中作"不爲昭昭信節"。

④　"黃帝者"之"黃"，原誤作"皇"，據上文改。關於黃帝三百年的問話，黃魯曾本原文有此內容，底本原文未出現，故以評語補充。黃榮伊，人名。

兩相背也。治民以順天地之紀，知幽明之故，【注】幽以事鬼，神明以治人，民皆知所以然之故。達死生存亡之說。播時百穀，嘗味草木，仁厚及於鳥獸昆蟲。【注】推恩以愛物，而不忍害之。考日月星辰，【注】考會天文度數。勞耳目，勤心力，用水火、財物以生民。"【注】用水火之利以生育百姓也。【評】濟不通作合宮，以祀上帝；畫野分州，而政教布焉。時有草生於庭，佞人入則指之，名曰屈軼。鳳凰巢於阿閣，麒麟游於苑囿，天下大治。①

宰我曰："請問帝顓頊。"孔子曰："顓頊淵而有謀，【注】顓頊深沉有才謀。疏通以智，②【注】通達有智慮。養財以任地，【注】生養財物，任作土地。履時以象天，【注】順履四時，法象天道。依鬼神而制義，【注】因鬼神而制之以義。治氣性以教衆，【注】謂和其氣性，以教百姓。潔誠以祭祀，【注】蠲潔誠心，以祭祀神祇。巡四海以寧民。【注】巡行四海，以安百姓。北至幽都，③南至交趾，④西抵流沙，東極蟠衣，⑤【注】四方極至之地。動靜之生，⑥小大之物，【注】鳥獸昆蟲，動而生者也；草木，靜而生者也。生有動靜之殊，而其質有小大之異，物之性則然也。日月所照，莫不底屬。"【注】日月之明，無遠弗照，凡在其光中者，莫不率從其化也。【評】帝顓頊以水德王天下，作曆以孟春之月爲元，又作《承雲》之樂。

宰我曰："請問帝嚳。"孔子曰："高辛，生而神異，自言其名。博施厚利，不於其身。【注】普施利物，不私其己。聰以知遠，【注】聰聽，足以知遠。明以察微。【注】明視，足以察微。仁而威，【注】仁而有威。惠而信，【注】惠而有信。順天地之義。【注】以順天地尊卑之義。知民所急，【注】知百姓之所急。修身而天下服。【注】自修其身而天下服從也。取地之財，【注】取土地所生之利。而節用焉；【注】節儉而用之。撫教萬民，【注】撫養教導其民。而誨利之；【注】而示以趨利之路。歷日月之生朔而迎送之，明鬼神而敬事之。【注】祭祀也。其色也和，其德也重，日月所照，風雨所至，莫不從化。"【注】無不服從其化。【評】帝嚳命咸黑作《九韶》之樂，執中而埋天下，⑦天下奠不服從。有四妃，曰姜嫄，

---

① 《通志》卷一載："有草生於庭，佞人入則指之，名曰屈軼。鳳凰巢於阿閣，麒麟游於苑囿。"
② "智"，劉祥卿本同，黃魯曾本作"知遠"，何孟春本作"知事"。
③ "都"，劉祥卿本同，黃魯曾本、何孟春本作"陵"。
④ "至"，黃魯曾本、劉祥卿本、何孟春本均作"暨"。
⑤ "蟠衣"，黃魯曾本、劉祥卿本、何孟春本均作"蟠木"。"蟠木"，傳說中的山名，出自漢朝鄒陽《獄中上書自明》，其載："蟠木根柢，輪囷離奇，而爲萬乘器者，何則？以左右先爲之容也。""衣""木"相近，"蟠衣"疑爲誤寫，爲形近而訛。
⑥ "生"，劉祥卿本、何孟春本同，黃魯曾本作"神"。
⑦ "埋"，當爲"理"字。

生稷;慶都,生契;簡狄,生棄。①

宰我曰:“請問帝堯。”孔子曰:“陶唐,其仁如天,【注】其道廣大如天。其知如神。就之如日,望之如雲。富而不驕,貴而能降。伯夷典禮,夔龍典樂,【注】伯夷、夔龍,二臣名,皆有賢德,故命典禮、樂之事。流四凶而天下服。其言不忒,【注】不差也。其德不回,四海之内,舟車所至,②莫不夷悦。”【評】帝堯之朝,土階三尺,茅茨不剪,素題不杅,太羹不和,衣履不敝盡不更。爲治五十載,不知天下治與不治。乃微服游于康衢,聞童謡云:“立我烝民,莫匪爾極,不識不知,順帝之則。”又有老人含哺鼓腹擊壤,歌曰:“日出而作,日入而息。鑿井而飲,耕田而食。帝力何有於我哉?”

宰我請問帝舜。孔子曰:“虞舜孝友,聞於四方,【注】言其德也。陶漁事親。【注】言其孝也。寬裕而温良,敦敏而知時,【注】敦厚敏速而達時變。畏天而愛民,【注】敬畏上天,愛養萬民。恤遠而親近。承受大命,依于二女。③叡明智通,【注】有此四者之德。爲天下帝,命二十二臣,【注】詳見《舜典》。率堯舊職,恭己而已。④天平地成,巡狩四海,五載一始。三十年在位,嗣帝五十載,陟方岳,⑤死于蒼梧之野而葬焉。”【注】舜南征在外,故死在蒼梧之野,因葬其地。【評】帝舜彈五弦之琴,歌《南風》之詩,曰:“南風之薰兮,可以解吾民之愠兮;南風之時兮,可以阜吾民之財兮。”⑥

宰我曰:“請問禹。”孔子曰:“夏禹,敏給克齊,【注】敏速給足,而能整齊其庶務。其德不爽,其仁可親,其言可信。聲爲律,身爲度,亹亹穆穆,爲紀爲綱。其功爲百神之主,【注】禹治水既平,然後百神知其所主。其惠爲民父母,【注】治水功成免其災,仁如父母。左準繩,右規矩,履四時,據四海。【注】奄有四海之地。任皋陶、伯益以贊其治,【注】皋陶、伯益,二臣名,禹用之輔佐其治。興六師以征不庭,⑦【注】不庭,不來朝之國,故征之。四極之民,莫敢不服。”【注】四方極至之地,百姓無有不服。【評】禹作樂曰《大夏》,懸鍾、鼓、磬、鐸、鞀以待四方之士,曰:“教寡人以道者擊鼓,喻以義者枹鍾,告以事者振

---

① “姜嫄,生稷;慶都,生契;簡狄,生棄”,“四妃”,實際只記載了三人。“帝嚳四妃”,據《大戴禮記·帝系》載:“帝嚳卜其四妃之子,而皆有天下。上妃,有邰氏之女也,曰姜嫄氏,產后稷;次妃,有娀氏之女也,曰簡狄氏,產契;次妃,陳鋒氏之女也,曰慶都氏,產帝堯;次妃,娵訾氏之女也,曰常儀氏,產帝摰。”

② “舟車所至”,黄魯曾本、劉祥卿本、何孟春本均作“舟輿所及”。

③ “二女”指娥皇和女英。王肅注曰:“堯妻舜以二女,舜動靜謀之於二女。”

④ “恭”,黄魯曾本作“躬”,其餘校本同底本。

⑤ “岳”,原爲“乃”,據黄魯曾本、劉祥卿本、何孟春本改。

⑥ “可以阜吾民之財兮”,原脱“民”字。先秦《南風歌》:“南風之薰兮,可以解吾民之愠兮。南風之時兮,可以阜吾民之財兮。”據補。

⑦ “庭”,何孟春本同,黄魯曾本、劉祥卿本作“序”。

鐸,語以憂者鳴磬,有訟獄者搖鞀。"

五帝第二十四

【注】此五帝者,以水、火、金、木、土五行相配而稱,而太皞、炎帝、黄帝、少皞、顓頊者,正以其德配五行,天下治。【評】按:《洪範》曰:"天一生水,地六成之;地二成火,天七成之;天三生木,地八成之;地四生金,天九成之;天五生土,地十成之。"言生成之初,序則曰水、火、木、金、土,言相生則曰金、水、木、火、土,言相克則曰水、火、金、木、土。

　　季康子問於孔子曰:"舊聞五帝之名,而不知其實,【注】相傳五帝,而聞其名不知其實。請問何謂五帝?"孔子曰:"昔丘也聞諸老聃曰:【注】昔聽老子之言。'天有五行,水、火、金、木、土,分時化育,以成萬物,其神謂之五帝。'【注】五行之神,名爲五帝。古之王者,易代而改號,取法五行。【注】古之人君更世改名,取象五行。五行更主,①終始相生,亦象其義。【注】法五行更主,終始相生,始以木德王天下,其次第也。是以太皞配木,【注】太皞以木德王。炎帝配火,【注】炎帝以火德王。黄帝配土,【注】黄帝以土德王。少皞配金,【注】少皞以金德王。顓頊配水。"【注】顓帝以水德王。

　　康子曰:"太昊氏其始之木何如?"②【注】康子又問,太昊其初,取木何哉? 孔子曰:"五行用事,先起於木。【注】五行之用,先從木始。木東方,萬物之初皆出焉。【注】木屬東方,萬物皆於東而主。是故王者則之,而首以木德王天下,其次則以所生之行,轉相承也。"【注】木生火,其次以火王,更相承,代而復始。

　　康子曰:"吾聞勾芒爲木正,【注】康子又問,吾聞勾芒神爲木官。祝融爲火正,【注】祝融神爲火官。蓐收爲金正,【注】蓐收神爲金正。玄冥爲水正,【注】玄冥神爲水官。后土爲土正。【注】后土神爲土官。此五行之主,而不亂稱曰帝者,何也?"【注】此亦五行之主,而不皆名曰五帝者,何也? 孔子曰:"凡五正者,五行之官名。【注】言此五正者,五官之名也。五行佐成上帝,而稱五帝。【注】五行如此云也。昊之屬配焉,③亦云帝從其號。【評】此舉太皞以該五帝也。天地以五行生萬物,必有以尸之故。生而有功德於民者,殁而祀之,亦從其號而稱帝也。

　　"昔少皞氏之子有四叔,【注】有四子也。曰重、曰該、曰假、④曰熙。【注】四子之

---

① "主",黄魯曾本、劉祥卿本、何孟春本均作"王"。
② "昊",黄魯曾本、劉祥卿本、何孟春本均作"皞"。"皞"通"昊"。
③ "昊",黄魯曾本、劉祥卿本、何孟春本均作"太皞"。
④ "假",黄魯曾本、劉祥卿本、何孟春本均作"脩"。

名。使重爲勾芒，該爲蓐收，假及熙爲長冥。①顓頊氏之子曰黎，爲祝融。【注】官名也。共工氏之子曰句龍，爲厚土。②【注】亦官名也。此者官，各以其所能業爲官職，【注】各以一行之官爲職業之事。生爲上公，死爲貴神，別稱五祀，不得稱帝。”③【注】五祀，上公之神，故不得稱帝也。

康子曰：“帝王改號，於五行之德各有所統；則其所以相愛者，④皆王何事？⑤孔子曰⑥：“所尚則各從其所王之德次焉。⑦【注】所尚之色各從其所王之德次者，如木次火，則尚赤也。夏后氏以金德王，色尚黑；【注】金次水，故尚黑也。殷人以水德王，⑧色尚白；【注】水家所宜尚青，而尚白者避土家之尚青也。周人以木德王，色尚赤。”【注】木次火，故尚赤也。

康子曰：“唐、虞二帝，其所尚者何色？”孔子曰：“堯以火德王，色尚黃。【注】火次土，故尚黃也。舜以土德王，色尚青。”【注】土宜白，土旺於四季。五行先起於木，故尚青也。【評】天有五行，五帝之德效法五行而王天下。

執轡第二十五

【注】此篇中載閔子事，而以“執轡”名篇者何？喻六官御天下之道也。觀此而政治思過半矣。

閔子騫爲費宰，問政孔子。子曰：“以德，以法。夫德、法者，御民之具，猶御馬之有銜勒也。君者，人也；吏者，轡也；刑者，策也；夫人君之政，執其轡策而已。【注】轡、策，吏與刑也。

“古者天子以內史爲左右手，【評】按：內史掌王之八柄，以輔王治，⑨正王法。凡命諸侯及孤卿大夫，則策命之。凡四方之事書，則宣讀之。王制祿，則贊爲之，以方出之。贊，詞也。方，版也。賞賜亦如之。故王以爲左右手。以德法爲銜勒，以百官爲轡，以刑罰爲策。

① “長”，黃魯曾本、劉祥卿本、何孟春本均作“玄”。
② “句”，與劉祥卿本同，黃魯曾本、何孟春本作“勾”。“厚”，黃魯曾本作“后”。
③ “稱”，與劉祥卿本同，黃魯曾本作“同”，何孟春本作“同稱”。
④ “則”，漫漶不清，據劉祥卿本補。“愛”，黃魯曾本、劉祥卿本、何孟春本均作“變”。
⑤ “王”，黃魯曾本、劉祥卿本、何孟春本均作“主”。
⑥ “孔子”後缺失“曰”字，據黃魯曾本、劉祥卿本、何孟春本補。
⑦ “各”，原爲“名”，文意不通，爲形近而訛。據黃魯曾本、劉祥卿本、何孟春本改。
⑧ “以”，黃魯曾本、劉祥卿本、何孟春本均作“用”。
⑨ 《周禮·春官》：“內史掌王之八柄之法，以詔王治。”

【注】故治天下無所失。善御馬者，正銜勒，齊轡策，均馬力，和馬心，故口無聲而馬應轡，策不舉而極千里。善御民者，壹其德法，正其百官，以均齊民力，【注】民力使之均平。和安民心，故令不再而民順從，【注】令一出，民皆從。刑不用。是以天地德之，【注】天地以爲有德。而兆民懷之。【注】百姓歸于一人。

古之御天下者，以百官總治焉。①【注】有六典以總其政治。冢宰之官以成道，司徒之官以成德，宗伯之官以成仁，司馬之官以成聖，司寇之官以成義，司空之官以成禮。六官在手以爲轡，均仁以爲納，故曰御四馬者執六轡，御天下正六官。"【注】治天下者惟正其六官，六官正則天下治矣。【評】《周官》曰："六卿分職，各率其屬，倡九牧，阜成兆民。"②

子夏曰："商聞山書曰：'地東西爲緯，南北爲經，山爲積德，【注】土生萬物，故爲積德。川爲積刑。【注】水有積刑，義者也。【評】直曰經，橫曰緯，高受陽，下伏陰，丘陵爲牡，谿爲牝。是故堅土之人剛，弱土之人柔，墟土之人大，沙土之人細，息土之人美，耗土之人醜。【注】耗，粗也。羽蟲三百有六十，而鳳爲之長；毛蟲三百有六十，而麟爲之長；甲蟲三百有六十，而龜爲之長；鱗蟲三百有六十，而龍爲之長；倮蟲三百有六十，而人爲之長。"【注】人爲萬物之靈，豈物之可比哉？【評】麟、鳳、龜、龍，四靈之物，故爲羽、毛、鱗、甲之長。天下有道，則四靈畢至也。

本命解第二十六

【注】命者，天以所性之理付于人，而死生終始，道盡於此。而知命者，乃其知性者也，故以"本命"名篇。

魯哀公問於孔子曰："人之命與性何謂也？"孔子對曰："分於道，謂之命；【注】天以此理分命於人，故謂之命者，此也。形於一，謂之性。【注】理賦於人，有一無二，故謂之性。化於陰陽，象形而發，謂之生；【注】二氣化育，賦形成人也。化窮數盡，謂之死。【注】氣化既窮，壽數已盡，則謂之死。故命者，性之始也；死者，生之終也，【注】有命而後有性，故謂之始；有生必有死，故謂之終。有始必有終矣。"【評】夫子所言性命、生死、始終之理，最爲深切著明。《易》曰："繼之者善也，成之者性也。"言氣寓於形，而理寓於氣，與生俱生，即謂之命。又曰："原始反終，故知生死之說。"③性由命而始，生死由終也。

---

① "百"，黃魯曾本、劉祥卿本、何孟春本均作"六"。結合下文文意，此處應爲"六"。
② 此句出自《尚書·周官》："六卿分職，各率其屬，以倡九牧，阜成兆民。"
③ 《周易》："原始反終，故知死生之說。"

公曰："禮，男子三十而有室，女子二十而有夫也，豈不晚乎？"【注】不亦爲晚乎？孔子曰："夫禮言其極，不是過也。男子二十而冠，有爲人父之端；女子十五許嫁，有適人之道。故聖人因時以合偶，霜降而婦功成，嫁娶行焉。冰泮而農桑起，①婚禮而殺於此。【評】《詩》云："將子無怒，秋以爲期。"②又云："士如歸妻，迨冰未泮。"③生之制也。

男子者，任天道而成萬物者也，④【注】爲男子者，始天之道而長育萬物也。是故審其倫而明其別。【注】故能審察人倫，而明男女之別。女子者，順男子之教而長其理者也，是故無專制之義，而有三從之道：幼從父兄，既嫁從夫，夫死從子。言無再醮之端，教令不出閨門，事在供酒食而已，【注】婦主中饋，此女子之職也。無閫外之威儀也。⑤此聖人所以順男女之際、重婚姻之始也。【評】飲無酬酢曰醮禮，女子之嫁也，父母醮而命之，歸于夫家，從一而終，無再醮之禮，不改事人也。

論語第二十七⑥

【注】魯《論語》共二十篇，中所發明者多。此與子張、子貢、子游三子論禮，⑦所謂禮讓爲國者，即在此矣。

孔子閒居，子張、子貢、子游侍，論及於禮。孔子曰："吾語汝以禮。"子貢越位而對曰⑧："敢問如何？"子曰："敬而不中，禮謂之野；【注】知敬而不合禮，則爲樸野之失。恭而不中，禮謂之諂；⑨【注】知恭而不合禮，則巧言足恭，而不成其禮矣。勇而不中，禮謂之逆。【注】勇敢而不合禮，則成逆二之失。夫禮所以制中也。"【評】先王加會通而行典禮，其體嚴，其用和。

子貢退，子游進曰："敢問禮。"子曰："郊社之禮，所以仁鬼神也；【注】郊祭天，

① "冰"，原作"水"，黃魯曾本、劉祥卿本、何孟春本均作"冰"，據改。
② 此句出自《詩經·衛風·氓》。
③ 同①，句出自《詩經·邶風·匏有苦葉》。
④ "成"，黃魯曾本、劉祥卿本、何孟春本均作"長"。
⑤ "威"，黃魯曾本、劉祥卿本、何孟春本均作"非"。此處黃魯曾本注解爲："閫，門限。婦人以自專，無閫外之威儀。《詩》云：'無非無儀，酒食是議。'閫，苦本反。"
⑥ "語"，黃魯曾本、劉祥卿本、何孟春本均作"禮"。從本篇內容看，當以"禮"字爲是。
⑦ "子游"，與何孟春本同，黃魯曾本、劉祥卿本作"言游"。正文亦如是，不再特別標注。
⑧ "位"，黃魯曾本、劉祥卿本、何孟春本均作"席"。
⑨ "諂"，黃魯曾本、劉祥卿本、何孟春本均作"給"。

社祭地,所以仁其鬼神也。禘嘗之禮,所以仁昭穆也;【注】春秋祭祀之廟。饋奠之禮,所以仁死喪也;射饗之禮,所以仁鄉黨也;食饗之禮,①所以仁賓客也。

"明乎郊社之禮、禘嘗之義,②治國其如視諸掌而已。③是故居家有禮,故長幼辨;【注】故尊卑有則。閨門有禮,故三族和;【注】大小有恩。朝廷有禮,故官爵序;【注】貴賤有序。田獵有禮,故戎事閑;【注】得獸不爭。軍旅有禮,故武功成。"【注】陣伍不亂。【評】按:舜命伯夷典三禮,其詞曰:"汝作秩宗,夙夜惟寅,直哉惟清。"④所謂三禮者,祀天神,祭地祇,享人鬼之禮也。

子游退,子張進曰:"敢問禮何謂也?"子曰:"治國而無禮,譬猶瞽之無相,倀倀乎何所之?【注】言治國無禮,正猶瞽目之人茫茫然不知所往。譬猶終夜有求於幽室之中,非燭何以見?⑤故無禮則手足無所措,【注】言無禮之不可行,猶手足之不能往也。耳目無所聞,⑥進退揖讓無所制。是故居處長幼失其別,閨門三族失其和,朝廷官爵失其序,田獵戎事失其策,軍旅武功失其勢。【評】夫子云:"能以禮讓爲國乎,何有? 不能以禮讓爲國,如禮何?"即此答子張之意。是以古之君子,不必親相與言也,以禮樂相示而已矣。"【評】天下不可一日無禮,君子不可斯須去,與此同義。

觀鄉射第二十八

【注】夫子觀鄉射,所議行者,乃古之道也,故以名篇。其所以重德不重力者,隱然見于外矣。

孔子觀鄉射,喟然嘆曰:"修身而發,而不失正鵠者,其唯賢者乎?"【注】其賢人也。於是退而與門人習射於矍相之圃,蓋觀者如堵牆焉。【注】來觀之人如堵牆之列也。使子路執弓矢,出延射者曰:"奔軍之將,【注】奔,敗也。亡國之大夫,與爲人惡者不得入,⑦其餘皆入。"【注】其餘皆入射圃。蓋去者半。【注】聞子路之語,去者蓋一半人。【評】入乃比偶,以初在門外未入觀者既衆,有賓主之禮,故善惡者令不得入也。

---

① "饗",原作"享",據黃魯曾本、劉祥卿本、何孟春本改。《禮記·樂記》:"食饗之禮,非致味也。"孔穎達疏:"食饗,謂宗廟祫祭。"

② "明乎郊社之禮,禘嘗之義"一句,黃魯曾本、劉祥卿本、何孟春本均作"明乎郊社之義,禘嘗之禮"。

③ "視",黃魯曾本、劉祥卿本、何孟春本均作"指"。

④ "汝作秩宗,夙夜惟寅,直哉惟清。"此句出自《尚書·舜典》。

⑤ "燭",原作"獨",形近而誤,黃魯曾本、劉祥卿本、何孟春本均作"燭",據改。

⑥ "聞",黃魯曾本、劉祥卿本、何孟春本均作"加"。

⑦ "惡",黃魯曾本、劉祥卿本、何孟春本均作"後"。

又使公罔之裘、序點揚觶而語曰①：【注】觶，酒器也。"幼壯孝悌，【注】自幼至壯，常行孝悌。耆老好禮，不從流俗，【注】自立，不隨流俗也。修身以俟死者，【注】修身至老，死不變者。在此位。"【注】此等人皆得與鄉飲之位也。蓋去者半。【注】自此不敢居此位者有半。

序點揚觶而語曰："好學不倦，【注】好學不息其功。好禮不變，【注】好禮不變其初。旄期稱道而不亂者，【注】八十、九十行道而不雜者也。在此位。"【注】此等人皆得與鄉飲位。蓋僅有存焉。【評】按：《儀禮》，司射請射，命子弟納射器，②後有司馬延射，升二人揚觶。③二儀節其語辭，並與此同，則孔子所行乃古射禮也。

射既闋，【注】射已畢。子路進曰："由與二三子者之爲司馬，何如？"【注】使子路爲司寇之職，故子路問夫子與二三子居職何如。孔子曰："能用命矣。"孔子曰："吾觀於鄉，而知王道之易易也。"【注】乃知王者之道甚易也。

子貢觀於蜡，孔子曰："賜也，樂乎？"對曰："一國之人皆若狂，【注】言醉酒也。④賜未知其爲樂也。"孔子曰："百日之勞，一日之樂，【注】一日飲酒之樂。一日之澤，非爾所知也。一張一弛，【注】寬、嚴並用。文武之道也。"【注】此文武之政如此。【評】按：蜡祭自伊耆始，夏曰清祀，商曰佳平，周曰蜡，秦曰獵。⑤名雖異，而禮則同。所謂蜡，以祭八神是。

郊問第二十九

【注】定公問夫子郊祀之義，故以名篇。夫子告以日月配天之儀，而天子之所以事上帝者，可觀矣。

定公問於孔子曰："古之帝王必郊祀其祖以配天，何也？"孔子對曰："萬物本於天，人本乎祖。郊之祭也，大報本反始也，【注】報其本，反其初也。故以配上帝。【注】故以祖祭配於天。而垂象，聖人則之，【注】夫天垂日月星辰之象，聖人因其法而象也。所以明天道也。"【評】郊所以祭天，以大哉乾元，萬物資始之義也。哀公問及此，其思爲萬

---

① "之裘"漫漶不清，據黃魯曾本、劉祥卿本、何孟春本補。

② "命"，原作"兵"，《儀禮・鄉射禮第五》："命弟子納射器。"據改。

③ "升"，《儀禮》作"使"，《儀禮・鄉射禮第五》："使二人舉觶于賓與大夫。""觶"，原作"觧"，文意不通，據前文及《儀禮》改。

④ "言"，漫漶不清，據劉祥卿本補。

⑤ 見《四庫全書》本《禮記集說》："夏曰清祀，殷曰嘉平，周曰蠟，秦曰臘。"

物之本乎？誠知所以事上帝者而郊之，所以爲郊可識矣。

公曰："寡人聞郊而莫同，①何也？"孔子曰："郊之祭也，迎長日之至也。【注】周人以冬至日長，故迎而祭之。大報天而主日，配以月，【注】大禮答天神，以日爲中，合其月而祭也。故周之始郊，其月以日至，其日用上半。②【注】受十一月上旬日。至於啓蟄之月，則又祈穀於上帝。此二者乃天子之禮也。【評】有祀必有配，天象莫大乎日月，故主日而配以月。魯無冬至大郊之事，【注】無冬至事天之禮。降殺於天子，③是以不同也。"【注】公降天子一等，其祀天之禮有殺，故不同其事也。

公曰："其言郊，何也？"孔子曰："兆丘於南，所以就陽位於郊也，故謂之郊焉。"【評】按：通考《陳氏禮書》，④則以南郊之丘圜，而高者爲圜丘，象天而祭，以致敬也。南郊爲泰壇，以燔柴爲事，以盡文也。而祭地之方澤，必爲二處。

曰："其牲器何如？"孔子曰："上帝之牛角繭栗，⑤【注】言其角小也。后稷之牛唯具，【注】祭社稷之牛，則用之全牛。所以別事天神與人鬼也。【注】所以分別事神、事鬼之不同也。牲用騂，尚赤也；用犢，貴神也。⑥【注】用其角者，取其質也。器用陶匏，以象天地之性也。"⑦【注】用瓦器、天匏也。

公曰："天子之郊，其禮儀可得聞乎？"孔子對曰："臣聞天子卜郊，則受命于祖廟，而作龜禰宮，尊祖親考之義也。卜之日，王親立于澤宮，以聽誓命，【注】而卜之已吉，又至澤宮，使有司誓敕祭禮典章而親聽之。受教諫之義也。既卜，獻命庫門之內，所以誡百官也。【注】王自澤宮至庫門之內，有司獻王之誓命以申敕與祭之官，所以命戒其執事也。將郊，則天子皮弁以聽報，示民嚴上也。【注】皮弁，親朝之服，報當祭之候。郊之日，喪者不敢哭，凶服者不敢入國門，氾掃清路，⑧【注】郊之日，清路除行人，喪與凶服者不得入國門，從其吉也。行者必止。【注】清路以新土，無復人行也。【評】是日反道清

----

① "聞"，漫漶不清，據黃魯曾本補。

② "半"，黃魯曾本、劉祥卿本、何孟春本皆作"辛"，此處應爲"辛"。上辛日，指農曆每月的第一個辛日。古代以甲子計日，每十日必有一個辛日。其中每年正月上辛日，爲帝王祈求豐年之日。

③ "天"，原作"夫"，據黃魯曾本、劉祥卿本、何孟春本改，爲形近而訛。

④ 疑《陳氏禮書》爲元代陳澔的《陳氏禮記集說》。

⑤ "繭"，原作"璽"，爲"繭"的異體字。"栗"，原誤作"粟"，黃魯曾本、劉祥卿本、何孟春本均不誤，據改。

⑥ "神"，何孟春本同，黃魯曾本、劉祥卿本均作"誠"。

⑦ 孔穎達疏曰："陶謂瓦器，謂酒尊及豆簋之屬，故《周禮》旅人爲簋。匏謂酒爵。"

⑧ "氾"，原作"記"，據黃魯曾本、何孟春本改。

路，新築土於道路之上，以待君行。特牲有鄉，爲香燭具，燎以照路也。弗命而民聽，敬之至也。

天子大裘以黼之，乘素車，貴其質也。【注】素車，木輅也。又云："太常之制，玉輅以專祭祀。"則此又當爲玉輅矣，未詳孰是。①旂有十二旒，②【注】《書》作斿。龍章而設以日月，所以法天也。【注】旂，太常也。斿，旂之木垂也。皆畫蛟龍之文，法象天也。既至泰壇，王脫裘矣。【評】按周禮，天子祀天，披龍袞以襲裘，以有象天之文，故披之。道路至泰壇，而後卸之也。

服袞以臨燔柴，【注】積柴於泰廟，加牲上燎之，以達氣。戴冕璪，【注】璪，玉飾也。以五采玉爲之，貫以采繩焉。十有二旒，③則天數也。【注】天之大數不過十二。臣聞之，誦《詩》三百，不足以一獻；【注】祭祀少禮。一獻之禮，不足以大饗；【注】袷祭也。大饗之禮，不足以大旅；【注】祭五帝也。大旅具矣，不足以饗帝。【注】祭上帝也。是以君子無敢輕議於禮者也。"

五刑解第三十

【注】五刑者，墨、劓、剕、宮、大辟也，其屬有三千，安能悉記？夫子略舉其要者，以告冉有其刑期無刑之盛心。

冉有問於孔子曰："古者三皇五帝，不用五刑，信乎？"【注】言有此事否？【評】按：《舜典》："象以典刑，流宥五刑，鞭作官刑，朴作教刑，金作贖刑。眚災肆赦，怙終賊刑。欽哉欽哉，惟刑之恤哉。"④

孔子曰："聖人之設防，貴其不犯也。【注】子言聖人設刑法，⑤以防閑於民，使之不犯法也。制五刑而不用，所以至治也。【注】制五等之刑，民不犯於極刑也。凡夫人之

①　關於玉輅、金輅、木輅，《尚書全解》解釋爲："金輅、象輅、革輅、木輅、典輅云，若有大祭祀則玉輅，大喪大賓客亦如之。此篇所謂大輅，輅之大者即玉輅也。在賓階，面西階南向也。綴輅，繫綴於下，玉輅之次者，即金輅也。在阼階，面東階南向也。地道尊右，故玉輅在西，金輅在東。先輅即象輅也，在左塾之前門側之堂，謂之塾。塾前陳車，以轅向堂北面也。次輅即木輅。金、玉、象皆以飾車，故三者以飾爲之名，木則無飾。"

②　"旂有十二旒"，黃魯曾本、劉祥卿本、何孟春本皆作"旂有十有二旒"。

③　"十有二旒"，原脫，據黃魯曾本、劉祥卿本、何孟春本補。如無此句，則後面句子"則天數也"無明確指向，與後注釋"天之大數不過十二"意思也不相連貫，導致文意不暢，出現疑義。

④　此句出自《尚書·舜典》。

⑤　"設"，原作"失"，據劉祥卿本改。

爲奸邪、竊盜、越法、妄行者，①生於不足，【注】貧乏也。不足生於無度。【注】貧乏多生於不儉。是以上有制度，則民知所止；民知所止，則不犯。【注】民知禁止，則不犯令。故雖有奸邪、賊盜、靡法、妄行之獄，而無陷刑之民。【注】雖設刑獄，而民不至犯入其中。【評】舜命皋陶曰："汝作士，明于五刑，以弼五教，期予于治。刑期于無刑，民協于中，時乃功，懋哉！"②此見聖人好生之德洽于民心，兹用不犯于有司也。

　　不孝者生於不仁，喪祭之禮所以教仁愛也；喪祭之禮明，則民孝矣；【注】禮明知仁愛，則知孝道矣。故雖有不孝之獄，而無陷刑之民。【注】雖設不孝之獄，而民不犯。殺上者生於不義，朝聘之禮者，所以明義也；【注】設朝聘之禮，以明尊卑、貴賤矣。義必明，則民不犯；【注】義既明，則民知君之尊，不犯於弒逆之罪。故雖有殺上之獄，而無陷刑之民。鬥變者生於相凌，相凌生於長幼無序，而遺敬讓；【注】民之相凌，由於少長無倫，忘其相敬也。鄉飲酒之禮者，所以明長幼之序，而崇敬讓也；故雖有變鬥之獄，而無犯刑之民。③【注】言民皆有序而相敬，自無犯者也。淫亂者生於男女無別，【注】言其亂由於男女無別也。男女無別，則夫婦失義；婚禮聘享者，所以別男女、明夫婦之義也；故雖有淫亂之獄，而無犯刑之民。④【注】男女有別，而無淫亂之俗，故其刑無犯也。

　　此五者，刑罰之所從生，名有源焉。⑤【注】凡此五者，刑罰所由也，而名有其本。不豫塞其源，【注】不先遏止犯刑之源。而輒繩之以刑，【注】而以刑法加之。是謂爲民設阱而陷之。三皇五帝之所以化民者如此，雖有五刑之不用，不亦可乎？"【注】雖有五等之刑法而不用，不亦可乎？【評】《周禮‧大司徒》："以五禮防萬民之偽，而教之中。"⑥國家之範圍，人道之紀綱也。越禮犯分而防潰矣，刑罰其可已乎？善政者，必拔本塞源而後可。⑦

　　冉有問於孔子曰："先王制法，使刑不上於大夫，【注】冉有問先王之法，刑罰不犯於大夫之身。禮不下庶人。然則大夫犯罪，不可以加刑；庶人之行事，不可以治於禮乎？"【注】庶人行事，不責之以禮。孔子曰："不然。【注】言非此之謂也。凡治君子，以禮御其心，所以屬之以廉恥之節也。【評】"禮義廉恥，謂之四維。四維不張，國乃滅亡。"⑧先王之

---

① "越"，黃魯曾本、劉祥卿本、何孟春本均作"靡"。

② "汝作士，明于五刑，以弼五教，期予于治。刑期于無刑，民協于中，時乃功，懋哉。"此句出自《尚書‧虞書‧大禹謨》。

③④ "犯"，黃魯曾本、劉祥卿本、何孟春本均作"陷"。

⑤ "名"，黃魯曾本、劉祥卿本、何孟春本均作"各"。

⑥ "周"，原作"問"，據《四庫全書》本《周禮》改，爲形近而訛。《周禮‧地官‧大司徒》："以五禮防萬民之偽，而教之中。"

⑦ "拔本塞源"，出自《左傳‧昭公九年》："伯父若裂冠毀冕，拔本塞原，專棄謀主，雖戎狄其何有余一人？"

⑧ 此句出自《管子‧牧民》。

制，法刑不及於大夫者，所以重禮義，崇廉恥也。

　　"故古之大夫，其有坐不廉汙穢而退放之者，【注】古之大夫，有因貪汙不清廉而見黜者。不謂之不廉汙穢而退放，則曰'簠簋不飾'；有坐淫亂男女無別者，不謂之淫亂男女無別，則曰'帷幕不修'也；有坐罔上不忠者，不謂之罔上不忠，則曰'臣節未著'；【注】惟言其臣不顯節也。有坐罷軟不勝任者，不謂之罷軟不勝任，則曰'下官不職'；【注】言爲下官不盡職，不斥其身也。有坐干國之紀者，不謂之干國之紀，則曰'行事不請'。【注】言其行事自便，不請明於天子。此五者，大夫既自定有罪名矣，而爲之諱，所以愧恥之。【注】而猶爲之隱諱者，所以愧恥也。【評】昔漢文帝之御臣也，如吳王不朝，賜之几杖；張武受賂，金錢愧心，亦此意也。

　　"是故大夫之罪，其在五刑之域者，聞而譴發，則白冠氂纓，①【注】素冠。盤水加劍，造乎闕而自請罪，君不使有司執縛牽掣而加之也。【評】按：《誼傳》，加，當作行，謂繫引而行也。其下又有"其中罪者，聞命而自弛，君不使人頸盭而加之也"二十字，此蓋闕"中罪"一節而誤也。弛，廢也。頸盭者，師古曰"以受盭其頸而加刀鋸"，則又甚於執縛係引矣。②其有大罪者，君不使人捽引而刑殺之也，曰'子大夫自取之耳，吾遇子有禮矣'。【注】吾待汝有禮矣。以刑不上大夫，而大夫亦不失其罪者，教使然也。【注】由吾之教令使然也。

　　"凡所謂禮不下庶人者，以庶人遽其事而不充禮，故不責之以備禮也。"【注】是以不責庶人之備禮也。冉有足席曰：③【注】退位而言。"言則美矣，求未之聞。"退而記之。【注】退而記誦其言，以爲法也。

禮運第三十一④

　　【注】此篇言先王之道，因時沿革，故以"禮運"名篇。而先王制禮之美，今人行禮之失，大有關于世道人心。

　　孔子與於蜡，賓事畢，出游於觀之上，【注】行禮已畢，游于宮闕之上。喟然而嘆。

---

　　①　"氂"，原作"釐"，黃魯曾本、劉祥卿本同，何孟春本作"氂"，據改。《漢書·賈誼傳》："故其在大譴大何之域者，聞譴何則白冠氂纓，盤水加劍，造請室而請罪耳，上不執縛係引而行也。"

　　②　評語中引文缺少一"有"字，並非二十字。顏師古注《漢書·賈誼傳》爲二十字，其曰："其有中罪者，聞命而自弛，君不使人頸盭而加之也。"

　　③　"足"，黃魯曾本、劉祥卿本、何孟春本皆作"免"。

　　④　此篇黃魯曾本、劉祥卿本、何孟春本標題均爲"禮運第三十二"。從底本標題後的注釋"故以'禮運'名篇"看，題目應爲"禮運"，爲音近而訛。

【評】此夫子傷今思古之意，見道有升降，政因俗革也。言偃侍曰："夫子何嘆也？"【注】子游侍側，問曰夫子所嘆何事。孔子曰："昔大道之行，【注】言古者三皇五帝時，大道之仁也。與三代之英，【注】謂禹、湯、文、武也。吾未之逮也，【注】吾未及見帝王之盛。而有記焉。【注】有典籍聞而知之。大道之行，天下爲公，選賢與能，①講信修睦。故人不獨親其親，不獨子其子。老有所終，壯有所用，矜寡孤獨，皆有所養。【注】矜與鰥同，窮民無告者，皆得其所養。

"是以奸謀閉而不興，【注】故奸邪之謀隱而不發。竊盜亂賊不作。【注】盜賊亦不起也。故外户而不閉，【注】夜間外門不閉。謂之大同。【評】古昔大猷之世，化行俗美有如此者，而今何以能古若乎？今大道既隱，天下爲家，【注】今道不行，天下之人各自爲家。各親其親，【注】各自親愛其親。各子其子，【注】各自保愛其子。貨則爲己，【注】財貨則爲己。力則爲人，【注】力役則資人而爲。城廓溝池以爲固。禹、湯、文、武，成王、周公，由此而選，【注】言用大道，而禮所由出，所以爲選也。未有不謹於禮。禮之所興，與天地並。如有不由禮而在位者，則以爲殃。"【注】興，作也。《記》有"此謂少康"四字。②【評】蓋禮所以辨上下，以定民志，國家之防範，人道之紀綱也。

言偃復問曰："如此乎，禮之急也？"【注】周禮之用如此，其急乎？子曰："夫禮，先王所以奉天之道，③以治人之情，【注】禮者，所以奉天道，治人情。列其鬼神，【注】列祭鬼神之祀。達於喪祭、鄉射、冠婚、朝聘。【注】通喪祭、鄉射、冠婚、朝聘，皆以禮行之。故聖人以禮示之，則天下國家可得以禮正矣。"【評】《王制》："修六禮以節民性，明七教以興民德，齊八政以防民淫。""六禮"者，冠、婚、祭、喪、鄉侯士相見是也。④"七政"⑤者，父子、君臣、兄弟、夫婦、長幼、朋友、賓客是也。"八政"者，食、貨、祀、司空、司徒、司寇、賓、師是也。

言偃曰："今之在位，莫知由禮，何也？"子曰："嗚呼哀哉！【注】其言深可慨也。我觀周道，幽、厲傷之。【注】言幽王、厲王則皆傷其道也。夫魯之郊及禘皆非禮，【注】郊祭天、禘祭宗廟，皆不合禮。周公其已衰矣。【注】周公子孫不行其禮義，則周公之道衰矣。杞之郊也禹，【注】周公以禹有令德，故令杞郊。宋之杞也契，⑥【注】宋，殷之後。契，其祖也。是天子之事守也，天子以杞、宋二王之後。【注】杞、宋乃夏、商二王之後。周公攝

---

① "與"，原作"興"，據黃魯曾本、劉祥卿本、何孟春本改。
② "此謂少康"，疑有誤，《禮記·禮運》："如有不由此者，在執者去，眾以爲殃，是謂小康。"
③ "奉"，黃魯曾本、劉祥卿本、何孟春本均作"承"。
④ 所列"六禮"，缺少"鄉飲酒禮"。
⑤ "七政"，此"政"當爲"教"字之誤。
⑥ "杞"，黃魯曾本、劉祥卿本、何孟春本作"郊"。聯繫前文"杞之郊也禹"，此處應爲"郊"。

政致太平,而與天子同是禮也。諸侯祭社稷、宗廟,上下皆奉其典,而祝嘏莫敢易其常法,①是謂大嘉。【注】祝史不敢變其常行之法。

"今使祝嘏辭説,②徒藏於宗祝巫史,非禮也,【注】言君臣皆當知辭説之意義,相而行之。是謂幽國;【注】幽敝於禮。醆斝及尸君,非禮也,【注】夏曰醆,殷曰斝,非王者之後不得用。是謂僭君;【注】僭侈之君也。冕弁兵車,藏於私家,非禮也,③【注】此謂不得賜而藏之。兵車帶説。是謂脅君;【注】迫於其君也。大夫具官,祭器不假,聲樂皆具,非禮也,【注】大夫家臣,不能具官,無田,不能爲祭器。今皆不假。按周禮:大夫不用樂,君賜乃有之。是爲亂國。【評】董子曰:"堯、舜授受,各守一道,無救弊之政也。以三代言之,夏尚忠,商尚質,周尚文。若周之衰,極而弊冠。"

"故仕於公曰臣,仕於家曰僕。以衰裳入朝,與家僕雜居齊齒,非禮也。【注】服喪不當入朝,與政若以衰服,與大夫、私家之臣雜居並列,非禮也。夫禮者,君之柄,所以別嫌明微,擯鬼神,④考制度,列仁義,立政教,安君臣上下也。故政不正則君位危,君位危則大臣倍、小臣竊,刑肅而俗弊。【注】政者,正也。若政事不正,則君位危殆,大臣悖戾於道,小臣僭竊於禮,刑峻嚴而民無法,風俗自此弊壞矣。則法無常,禮無別,士不仕,民不歸,是謂疵國。【注】上無道揆,下無法守,則禮樂不興,士民離叛,是謂有疵之國也。【評】喪祭、朝聘之儀,上下互相僭竊,所謂幽國、亂國、疵國。其是時也,聖王不作,莫能挽之。夫子有德無位,傷世道之日降,而風會日流,故倦倦立言垂訓也。

"是故聖人參於天地,並於鬼神,以治政也。【注】故聖人參天地之功,合鬼神之德,以治政也。處其所存,禮之序也。【注】"其"字,指天地鬼神,下同。玩其所樂,民之治也。【注】常法其所樂,此民所以治安也。天生時,地生財,人其父生,而師教之。四者君以政【注】政,作正也。用之,所以立於無過之地。【注】言在人君,先正其身也。君者,人所明,【注】明,作則字。非明人者也;【注】君爲人之作則,非則人也。人所養,非養人者也;人所事,非事人者也。【注】君爲人所養,而王食萬方人,爲人所事,臣妾億兆。【評】聖人之治天下,如泥之在陶,惟甄者之所爲;⑤如金之鎔,惟冶者之所鑄。其神化之速,有不可得而測者,故曰通其變。使民不倦,神而化之,與民宜之。

"故百姓明君以自治,養君以自安,事君以自顯,【注】民之則君、養君、事君,皆爲

---

① ② "嘏",原作"蝦",據黃魯曾本、劉祥卿本、何孟春本改。

③ 王肅注:"大夫稱家。冕弁,大夫之服。孔子曰:'天子、諸侯、大夫冕弁服歸設奠後。'此謂不得賜而藏之也。"

④ "擯",黃魯曾本、劉祥卿本、何孟春本均作"儐"。

⑤ "甄",原漫漶不清,據上下文意補出。

下不倍之義。是以禮達而分定。人皆愛其死，而患其生，是故用人之智去其詐，用人之勇去其怒，用人之仁去其貪。【注】如智、仁、勇之所長也，則當舍其短。國有患，君死社稷謂之義，大夫死宗廟爲之變。【注】國君死守其社稷，天地之常經也；大夫效死於宗廟，人臣之權變也。【評】君非民，罔以辟四方；民非君，不能骨匡以生。君民一體，相須爲用者也。

"凡聖人，能以天下爲一家，以天下爲一人。【注】聖人之心，能以天下之大，合爲一家；中國之衆，合爲一人。非意之，必知其情。【注】不待測度，必知其有此七情。從於其義，明於其利，達於其患，然後爲之。【注】義者，天理之公；利者，人欲之私；患者，人心之憂也。【評】天無私覆，地無私載，日月無私照，聖人奉三無私以出治。

"何謂人情？喜、怒、哀、懼、愛、惡、欲七者，弗學而能。【注】七者之情，與生俱生，不待學之而後能者。何謂人義？父慈、子孝、兄良、弟悌、夫義、婦聽、長惠、幼順、君仁、臣忠十者，謂之人義。【注】此十者，各盡其當然之道是也。講信修睦，謂之人利；爭奪相殺，謂之人患。【注】修隣講好，有自然之利；興兵搆怨，有外至之憂。

"聖人之所以治人七情，修十義，講信修睦，尚辭讓，去爭奪，舍禮何以治之？【評】七情畀於天，十義修於人，利患由於己，不可不知也。【評】聖人以人治人，於此可見矣。飲食男女，人之大欲存焉；死亡貧苦，人之大惡存焉。【注】飲食以養生，男女以適情，人之同欲也；死亡所不願，貧苦所不堪，人之同惡也。人藏其心，不可測度，欲一以窮之，舍禮何以哉？【注】欲惡人之大端，隱藏於心不見乎外，惟禮有常度，舍禮何以治？【評】仲虺曰："惟天生民，有欲無主乃亂，惟天生聰明時乂。"①言民有欲而君治之，使不至於無主，而不亂也。

"故人者，天地之德，陰陽之交，鬼神之會，五行之秀。【注】天地之大德曰生人，本天地二氣之交，鬼神五行之會，得其秀而靈者。天秉陽，垂日星，地秉陰，竅於山川。②【注】日星懸象於天，山澤通氣于地。播五行於四時，和四氣而後月生。【注】五行一陰陽分於四時，布四氣，而温涼寒暑各應其候，十二月歲成。是以三五而盈，三五而缺；【注】月陰精，借日而光。初一至十五，光以漸而滿；十六至三十，光以漸而缺也。五行之動，共相竭也。【注】五行，木、火、土、金、水，用事迭相盡也。【評】《洪範》曰："天一生水，地六成之；地二生火，天七成之；天三生木，地八成之；地四生金，天九成之；天五生土，地十成之。"此五行生成之序也。

"五行、四氣、十二月，還相爲本；【注】用事者爲主本也。五聲、六律、十二管，③

---

①　"乂"，原作"人"，據《四庫全書》本《尚書全解》《書經集傳》等改。

②　"竅"，黃魯曾本、劉祥卿本、何孟春本均作"載"。

③　"六律"，黃魯曾本作"五律"。

還相爲宮；【注】五聲，宮、商、角、徵、羽。律，陽、陰各六也。管，候氣之感，一月一管。陽律陰呂，其用事者爲宮也。五味、六和、十二食，還相爲質；【注】五味，鹹、苦、酸、辛、甘。六和者，和之各有宜。十二食者，十二月之食。質，本也，以用事爲本也。五色、六章、十二衣，還相爲主。【注】五色，青、黃、赤、白、黑。黃並玄爲六章。十二月之衣，如春青、夏赤也。故人者，天地之心，【注】人於天地間，如五藏之有心矣。而五行之端，【注】端，始也，能用五行也。食味、別聲、被色而生者也。【評】《書》曰："惟天地，萬物父母；惟人，萬物之靈。亶聰明，作元后，元后作民父母。"①

　　"聖人作則，【注】作爲法則也。必以天地爲本，陰陽爲端；【注】天地爲本，則萬物包在其中。陰陽爲端，則愿淑之情可睹。以四時爲柄，【注】四時各有事以爲柄，則事可得而勸。以日星爲紀。【注】日以紀晝，星以紀夜，政事可得而分別也。月以爲量，【注】月爲度量，以成四時。鬼神以爲徒，【注】鬼神不相干，各有守也。五行以爲質，【注】五行終而復始，故事可修復也。禮義以爲器，【注】故事行有考成也。人情以爲田，【注】治人情如治田，不使邪之害正，猶去莠之害苗，則人知向道之方。四靈以爲畜。【注】四靈，麟、鳳、龜、龍，鳥獸之長其屬。

　　"先王患禮之不達於下，故饗帝於郊，所以定天位也。【注】慮禮之不行於天下，故制爲享帝於郊，所以祀天也。【評】□□□□□者乃達下之義。②祀社於國，所以列地利也。【注】社，祭地也。禘祖廟，所以本仁也。【注】禘祭祖廟，以明有親本於仁者。旅山川，所以儐鬼神也。【注】旅祭山川，以明有尊出於義也。祭五祀，所以本事也。【注】五祀者，本四時用事之神而祭之。【評】按：五祀者，戶、灶、中霤、門、行也。春戶以木，夏灶以火，中霤以土，秋門以金，冬行以水。是以禮行于郊，而百神受職；禮行於社，而百貨可極；【注】郊祭而百神享之，社祭而貨利興焉。行於祖廟，而孝慈服焉；【注】孝慈之道，而遠近所服焉。行於五祀，而正法則焉。故郊社宗廟，山川五祀，義之修而禮之藏。【注】《記》藏，一作府。

　　"夫禮必本於太一，【注】太一者，元氣也。分而爲天地，轉而爲陰陽，變而爲四時，列而爲鬼神。其降曰命，【注】即上文所爲命降於天地、祖廟也。其官於天也，【注】官，職分也。言禮之職分，從天而至也。協於分藝。【注】藝者，理也。【評】按：《記》有："禮本於天，動而之地，列而之事，變而從時。"③中六字在"於分藝"之上，《疏》云即申前章，本於天地以至

---

①　此句出自《尚書·泰誓上》。

②　此處約五字漫漶不清。

③　此語出自《禮記·禮運》："夫禮必本於天，動而之地，列而之事，變而從時，協於分藝。"據《四庫全書》本《禮記注疏》《禮記集說》。

功有藝之意良是。

"其居於人也,曰養。【注】禮之於人身,所以養成人也。所以講信修睦,而固人肌膚之會,筋骸之束者;【注】言禮所以治躬也。所以養生送死,事鬼神之大端;【注】言禮所以務民義,敬鬼神也。所以達天道、順人情之大竇。【注】竇,通也。言禮所以通天道、和人情也。【評】按:《疏》,"養"作"善",而"養"下《記》有"其行之以貨力、辭讓、飲食、冠婚、喪祭、射御、朝聘。故禮義,人之大端也"二十七字,①而以"冠婚"以下八者爲禮,以"貨力"以下四者爲義,以終前章義,所謂誠之意。

"唯聖人爲知禮之不可以已也,故破國、喪家、亡人,必先去禮。禮之於人,猶酒之有蘗也。【注】人無禮不成人,酒無蘗不成酒。聖王修義之柄,禮之序,以治人情。人情者,聖王之田也,修禮以耕之,陳義以種之,講學以耨之,【注】耨,去草也。聖人以人情爲田,而耕之以禮,種之以義,耨之以學。本仁以聚之,播樂以安之。故禮者,義之實也;仁者,義之本也。

"故治國不以禮,猶無耜而耕;【注】耕者必以耜,無耜則失其耕之具矣。爲禮而不本於義,猶耕之而弗種;【注】既耕必種,不種何益於耕。爲義而不講於學,猶種而弗耨;【注】既耕而不耨,則草萊弗除。講之以學,而不合之以仁,猶耨而弗穫;【注】穫,收刈也。合之以仁,而不安之以樂,猶穫而弗食;安之以樂,而不達於順,猶食而不肥。四體既正,膚革充盈,人之肥也;【注】由是而家齊矣。大臣法,小臣廉,官職相序,君臣相正,國之肥也;【注】由是而國治矣。天子以德爲車,以樂爲御,諸侯以禮相與,大夫以法相序,士以信相考,百姓以睦相守,天下之肥也。【注】由是而天下平矣。是謂大順。"【評】夫天下大順,則境無水旱、昆蟲之災,民無凶荒、妖孽之疾。天不愛道,甘露降焉;地不愛寶,醴泉出焉。山產器車,河出龍圖,鳳凰麒麟,皆在郊野,龜龍在宮沼,其餘鳥獸之卵胎,皆可俯而窺也。②

---

① 經查,此句爲二十六字,非二十七字。

② 此語出自《禮記·禮運》:"故天降膏露,地出醴泉,山出器車,河出馬圖,鳳凰麒麟,皆在郊椒,龜龍在宮沼,其餘鳥獸之卵胎,皆可俯而闚也。"據《四庫全書》本《禮記注疏》《禮記集說》。

卷　　三

刑政第三十二

【注】政所以範民，而刑又所以輔政。夫子雖以刑、政迪仲弓，其實道德齊禮之意，已隱躍于其間矣。

仲弓問於孔子曰："雍聞至刑無所用政，【注】至刑之中無事乎政，任刑則政廢也。至政無所用刑。至刑無所用政，桀、紂之世然也；【注】桀、紂之君有嚴刑，無善政。至政無所用刑，成、康之世是也。【注】成、康之君有善政，無嚴刑。信乎？"【注】信然有此事否？孔子曰："聖人之治化也，必刑、政相參焉。【注】聖人治世，則以刑、政參而用之。太上以德教民，而以禮齊之；【注】太上，太古之時也。其次以政事道民，①以刑禁之，刑不刑也。【注】雖有刑用，不用其刑。化之弗變，道之弗從，②【注】至於化之而俗不革，導之而民不從。傷義以敗俗，於是乎用刑矣。【注】於是不得已而用刑法以治之。【評】夫子云："道之以政，齊之以刑。"③刑者，所以輔政，齊民之不齊也，聖人不得已而用之。是故治世無嚴刑，有善政，亂世則刑深政虐矣。刑，侀也；侀，成也；壹成而不可更，故君子盡心焉。"【注】是以君子每盡心於此，不敢輕易也。【評】侀，與刑同，以其不可變政也。

孔子曰："大司寇正刑明辟以察獄，【注】大司寇，獄官之長也，必以公心以察其情。獄必三訊焉。【注】一曰訊群臣，二曰訊群吏，三曰訊萬民。有指無簡，則不聽也；【注】簡，誠也。有其心無其誠者，不論以爲罪也。附從輕，赦從重；【注】附罪以輕，赦罪以重。疑則

---

① ②　"道"，黄魯曾本、劉祥卿本、何孟春本均作"導"。

③　此語出自《論語・爲政》，"子曰：'道之以政，齊之以刑，民免而無恥。道之以德，齊之以禮，有恥且格。'"

赦之。【注】獄有疑罪,則當宥之。是故爵人於朝,與衆共之也;刑人於市,與衆棄之也。【注】以官爵于人,與在朝之衆共用之。以刑殺加人,與在野之人共舍之。【評】《刑書》曰:"兩造具備,所聽五辭;五辭簡孚,正于五刑;五刑不簡,正于五罰;五罰不服,正于五過。"①古者公家不畜刑人,大夫弗養也,士遇之塗,以弗與之言,【注】古之於刑、辟之惡人,公家不蓄,大夫不養,士者不與言也。屏諸四方,唯其所之,【注】流放斥逐,隨其所往也。不及與政,弗欲生之也。"【注】不使之干犯政教,與衆共棄之如此。【評】《傳》云:"唯仁人放流之,屏諸四夷,不與同中國。"②

仲弓曰:"聽獄之成,成何官?"【注】問鞠獄之成是何官也。子曰:"成獄成於吏,吏以獄成告於正。【注】吏,司獄之吏。正,獄官之長。正既聽之,乃告大司寇。司寇聽之,乃奉於王。王命三公卿士參聽於棘木之下,【注】獄既成矣,由大司寇達之於王,王命三公卿復參斷棘木之下。然後乃以獄之成疑於王。【注】疑,音擬。【評】按:朝命,左九棘,孤、卿、大夫位焉;右九棘,公、侯、伯、子、男位焉;三槐,三公位也。王三宥之以聽命,【注】三宥:一不識,二過失,三遺忘也。而制刑焉,所以重之也。"【注】而後制刑,重民命也。【評】《呂刑》曰:"狃于奸宄,敗常亂俗,三細不宥。"③

仲弓曰:"其禁何禁?"子曰:"巧言破律,【注】巧賣法令者也。遁名改作,【注】變言與物名也。執左道以亂政者殺;【注】邪說誣民以亂國政者,殺之無赦。作淫聲,造異服,設伎奇器,以蕩上心者殺;【注】設奇巧異常之器以蕩君心者,殺之無赦。行偽而堅,【注】行偽妄,而堅執不變。言詐而辯,【注】言譎詐,而辯論不已。學非而博,順非而澤,【注】學非而自以爲博,順非而文飾其行。以惑衆者殺;【注】蠱惑衆志者,殺之無赦。假於鬼神、時日、卜筮,以疑衆者殺。【注】假借鬼神荒唐之說,時日、吉凶、卜筮休咎,以疑貳衆心者,殺之無赦。此四誅者不以聽。"【注】此四者之罪,不待聽於棘木之下,而直刑之。【評】上刑適輕,下服;下刑適重,上服。輕、重諸罰有權。刑罰世輕世重,惟齊非齊,有倫有要。④

仲弓曰:"其禁盡於此而已?"【注】已,止也。子曰:"此其急者,其餘禁者十有四焉。【注】上文所言禁之宜急者,其餘更有十四之當禁焉。命服命車,不粥於市;珪璋璧琮,不粥於市;【注】粥、鬻同,賣也。命服命車,重君之所賜,不敢賣於市。珪璋璧琮,寶玉之名

---

① 《尚書·呂刑》載:"兩造具備,師聽五辭;五辭簡孚,正於五刑;五刑不簡,正於五罰;五罰不服,正於五過。"

② 此語出自《大學》。

③ 此語出自《尚書·君陳》,非《尚書·呂刑》。

④ 此語出自《尚書·呂刑》。

器，不敢以假乎人。宗廟之器，不粥於市；①兵車旂旗，不粥於市；犧牲秬鬯，不粥於市；【注】國之大事，在祀與戎，備兵以待用者，不敢粥。戎器兵甲，不粥於市；用器不中度，不粥於市；②布帛精粗不中數，廣狹不中量，不粥於市；【注】布帛之精粗、廣狹不如數、不中量者，不以賣焉。奸色亂正色，不粥於市；文錦珠玉之器，雕飾靡麗，不粥於市；【注】色之不正，物之過奇，二者不得賣焉。【評】古者日中爲市，貿易有無，有司者治之，以平其物價。雖使五尺之童適市，莫之或欺。末世相率爲僞，致有何摟之弊，③哀哉！衣服飲食，不粥於市；【注】禁賣成衣，以防僞也；禁賣熟食，以防侈也。果實不時，不粥於市；【注】果食以時，不時者不粥。五木不中伐，不粥於市；【注】斧斤以時入山林，不中伐者不粥。魚鱉不中殺，不粥於市。【注】魚必滿尺，不中殺者不粥。凡執此禁以齊衆者，不赦過也。”【評】此等俱本于《周禮》，井井有據，頭頭是道，而“刑政”之説無餘旨矣。

冠訟第三十三

【注】邾隱公將冠，有疑于心，使孟懿子問禮於夫子。夫子告以天子大禮，無非導喻其志也。

　　邾隱公既即位，將冠，使大夫因孟懿子問禮於孔子。【注】使其大夫托孟懿子問冠禮於夫子。子曰：“其禮如世子之冠。【注】其子亦如世子冠禮。冠於阼階，④以著代也，【注】冠於主人之階，⑤以明其代父也。醮於客位，加其有成，【注】以酒醮於客位，敬而成之。三加彌尊，道喻其志，冠而字之，敬其名也。【注】既冠而字之，所以敬其名也。行冠事必於祖廟，【注】冠禮行於祖廟之中。以祼享之禮以將之，以金石之樂節之。【注】用金石之樂以爲其敬。所以自卑而尊先祖，【注】自卑而尊敬祖宗。示不敢擅。”【注】以示不敢獨專。【評】考《冠禮》，不特加冠彌尊，而衣履亦莫不然。祝辭、醮辭皆有進焉，無非導喻其志也。

　　懿子曰：“今邾君之冠，非禮也。”【注】懿子言今邾君之冠，不合乎禮者也。【評】是時邾君已先爲冠具矣，有疑，而後使大夫仗懿子而問於孔子焉。孔子曰：“諸侯之有冠禮也，夏之末造也，有自來矣，今無譏焉。【注】故今無譏其非。天子冠者，【注】天子自冠之禮。武王崩，成王年十三而嗣立。周公攝政以治天下，冠成王而朝于祖，以見諸

---

①　“宗廟之器，不粥於市”，據黃魯曾本補。

②　“戎器兵甲，不粥於市；用器不中度，不粥於市”，據黃魯曾本補。缺失此部分，則與前文所述“其餘禁者十有四焉”不相符合。何孟春本、劉祥卿本本章内容極少，均無此部分。

③　“何摟”，疑爲“佝僂”，爲形近而訛。

④　“階”，劉祥卿本、何孟春本同，黃魯曾本作“者”。

⑤　“主”，原作“王”，據下文“客位”判斷，此應爲“主”。

侯。周公命祝雍作頌曰：'令月吉日，王始加元服。去王幼志，服袞職，欽若昊命，六合是式。率爾祖考，永永無極。'【注】此頌辭也，頌之以告戒乎成王，昭示乎臣庶也。此周公之制也。"【評】天子十二章之服有山龍焉，①故謂之"龍袞"。《詩》曰："袞職有闕，惟仲山甫補之。"②

懿子曰："三王之冠，其異何也？"孔子曰："周弁，殷冔，夏收，一也。三王共皮弁素綏。委貌，周道也；章甫，殷道也；毋追，夏后氏之道也。"③【注】夏後氏用毋追之冠，皆常所服之冠也。

廟制第三十四

【注】衛文子問宗廟之制，意不徒在七世論也。夫子告以祖功宗德，則百世不毀者全在德，可知矣。

衛將軍文子【注】名彌牟。將立三軍之廟於其家，使子羔訪於孔子。【注】子羔，孔子弟子，姓高名柴。子曰："公廟設於私家，非古禮之所及，吾弗知。"【注】公家之廟堂立於私室，古無是禮，此吾不知者也。子羔曰："敢問尊卑立廟之制，可得聞乎？"【注】子羔問夫子，言尊卑上下立廟之制度，可得而知乎？孔子曰："天下有王，分地建國，設祖宗。【注】夫子言有天下者，分疆土，建國家，立祖宗廟也。是故天子立七廟，三昭三穆，與太祖之廟七；太祖近廟，皆月祭；遠廟爲祧，享嘗乃止。諸侯立五廟，二昭二穆，④與太祖之廟而五，曰祖考廟。大夫立三廟，一昭一穆，與太祖之廟而三，曰皇考廟。士立一廟，曰考廟。庶人無廟，四時祭於寢。此自有虞以至于周之所不變也。【評】《商書》曰："七世之廟，可以觀德。萬夫之長，可以觀政。"蓋言天子七廟盡則遷，惟有德之主百世不遷，與太祖之廟同佽久也。古者祖有功而宗有德，謂之祖宗者，其廟皆不毀也。"【注】此祖宗之廟皆不遷毀。【評】非深于廟制者，能有此典實乎？

辨樂解第三十五

【注】子路鼓瑟，夫子知其不才，故以"辨樂"名篇。所以化其氣質之偏，而進以中和之教也。

子路鼓琴，孔子聞之，謂冉有曰："甚矣，由之不才也。【評】此夫子慨古樂之不

---

①　"童"，疑爲誤字，應爲"章"，乃形近而訛。
②　此句出自《詩經‧大雅‧烝民》。
③　"氏"，原作"世"，據黃魯曾本、劉祥卿本、何孟春本及注文改。
④　下"二"字，原作"三"，二昭三穆，與太祖之廟，合而爲六，非"諸侯五廟"。據黃魯曾本、劉祥卿本、何孟春本改。

作，而正樂之相淆，故於子路鼓瑟而發。夫先王制音也【注】先王之作音樂。奏中聲以爲節，流入於南，不歸於北。【注】制音樂得其中聲，其樂流入南方，①不流北方也。夫南者，生育之鄉；【注】南爲生養之地。北者，殺伐之域。【注】北爲殺伐之方。故君子之音溫柔居中，以養生育之氣。憂戚之愁，不加于身也；②【注】中心喜悦，其存主不使憂戚入于念。暴厲之動，不存于體。【注】中心溫和，其舉動不使暴戾加于身。乃所謂治安之風。【注】此乃治存、安定之風化也。【評】君子有中和之德，其宣之於樂也，自無乖戾之氣，而優游乎中之治，可致矣。

　　小人之音則不然，【注】小人之樂則不如此。亢麗微末，以象殺伐之氣。中和之感，不載於心；【注】中和之音，不感動於心胸。溫和之動，不存于體，乃所以爲亂之風。昔者虞彈五絃之琴，歌《南風》之詩，其詩曰：‘南風之薰兮，可以解吾民之愠兮。南風之時兮，可以阜吾民之財兮。’唯修此化，故其興焉，勃然德如泉流。【注】舜之琴，所謂治安之風也，故修其教化而興起。其太平勃然莫禦，如泉流之赴下，德之流行，其甚速也。【評】即大舜爲《南薰》之操，而萬民咸和，四方風動。

　　殷紂好北鄙之聲，其廢也忽然。夫舜起布衣，積德含和，而終以帝。紂爲天子，荒淫暴亂，而終以亡。非各所脩之致乎？【注】舜耕于歷山，而能好問、好察，積蓄其溫恭允塞之德，故重華協于帝，三十登庸而爲天子矣。紂嗣守大寶，貴爲天子，乃荒淫無道，暴虐生民，竟爲武王之所伐。此可見有德則易以王，無德則易以亡。所脩不同，皆其自致者也。【評】即商陵爲北鄙之聲，而黎民咸貳，九有以亡。③聲音之道，以政通也。今也匹夫之徒，曾無意於先王之制，而習亡國之音，【注】言亂風也。豈能保其六七尺之體哉？”【注】安能保全其身乎？

問玉第三十六

【注】子貢問孔子貴玉賤珉，因以篇名。其所以喻子貢以尚德不尚氣之意，隱然自見于言外矣。

　　子貢問於孔子曰：“敢問貴玉而賤珉，何也？【注】珉，美石之似玉者。爲玉之寡，而珉之多乎？”孔子曰：“非爲玉之寡故貴之，珉之多故賤之。【注】不爲玉少珉

---

　　①　“流”，上原衍“其樂”二字，據黃魯曾本删。
　　②　“身”，黃魯曾本、劉祥卿本、何孟春本皆作“心”。
　　③　“貳”，原爲“二”，《書·五子之歌》：“太康尸位以逸豫，滅厥德，黎民咸貳。”據改。“九有以亡”，出自《尚書講義》卷九：“九有以亡，言九州皆非我有也。”

多。夫昔者君子比德於玉，溫潤而澤，仁也；【注】玉之溫潤，澤比於仁。縝密以栗，智也；【注】玉之縝密堅栗，比於智也。廉而不劌，義也；【注】有廉隅而不割傷，比於義也。垂之如墜，禮也。【注】佩玉如禮卑讓。叩之，其聲清越而長，【注】擊之，其音清越不已。其終則詘焉，樂矣；【注】及其聲音，樂之息也。瑕不掩瑜，瑜不掩瑕，忠也；【注】瑕，玉之疵也，玉之美者曰瑜。玉之美、惡不相鬱，比乎忠者也。孚尹旁達，臨也；①氣如白虹，天也；精神見於山川，地也；圭璋特達，德也；天下莫不貴者，道也。【注】以玉比道者也。《詩》云：'言念君子，溫其如玉。'【注】《秦風·小戎》之辭。故君子貴之也。"【注】故君子貴乎玉。【評】《財貨源流》云："玉，天地之精也，有山玄文者，有水蒼文者，有白如截肪、赤如雞冠者，黑如純漆、紅如蒸棗者。"生于山則木潤，產于水則流芳，藏于璞則文采，外露而光輝。【評】《抱朴子》云："良玉度尺，雖千仞之土，不能掩其光；良珠徑寸，雖百仞之水，不能埋其媚。"②

　　孔子曰："入其國，其教可知也。【注】言入人之國，即知其教化。其爲人也，溫柔敦厚，《詩》教也；【注】其爲人溫良篤厚者，乃《詩》之教使然。疏通知遠，《書》教也；【注】其爲人通貫達遠者，乃《書》教使然。廣博易良，《樂》教也；【注】其人該博平易者，乃《樂》教使然。潔淨精微，《易》教也；恭儉莊敬，③《禮》教也；屬辭比事，《春秋》教也。

　　故《詩》之失愚，【注】敦厚之失，則近於愚。《書》之失誣，【注】知遠之失，則近於誣。《樂》之失奢，【注】廣博之失，則近於奢。《易》失之賊，④【注】精微之失，則近於賊。《禮》之失煩，《春秋》之失亂。其爲人也，溫良恭儉而不愚，則深於《詩》者矣；疏通知遠而不誣，則深於《書》者矣；廣博易良而不奢，則深於《樂》者矣；潔淨精微而不賊，則深於《易》者矣；恭儉莊敬而不煩，則深於《禮》者矣；屬辭比事而不亂，則深於《春秋》者矣。【評】六經之道，與天地並。其絶也，待人而續；其晦也，待人而闡。向微孔孟爲之主盟，則凡後學幾何而不失之愚、誣、奢、賊、煩、亂者耶。

　　天有四時，春夏秋冬，風雨霜露，無非教也。【注】天之四時，風雨霜露，以生殺物

---

　　①　"臨"，黃魯曾本、劉祥卿本、何孟春本均作"信"，疑爲"信"的誤字，乃形近而訛。"孚尹旁達"，王肅注曰："孚尹，玉貌。旁達，言似者無不通。"

　　②　"媚"，漫漶不清。《韓詩外傳》載："良玉度尺，雖有十仞之土，不能掩其光。良珠度寸，雖有百仞之水，不能掩其瑩。"此處媚、輝、耀、瑩、氣，幾種表達皆可，"媚"字與底本字體痕迹更加接近。

　　③　"恭"，漫漶不清，據黃魯曾本、劉祥卿本、何孟春本補。

　　④　"《易》失之賊"，根據前後文的句式結構，似應作"《易》之失賊"，黃魯曾本、劉祥卿本、何孟春本均作"《易》之失賊"。

者,非教也。①地載神氣,吐納雷霆,流形萬物,無非教也。【注】地載一元之氣,雷霆流布,成萬物之利者,亦無非造化。清明在躬,志氣如神。【注】聖人清明之德,則志氣如神也。有物將至,其兆必先。【注】物者,事也。言有事將至,必有其兆朕之驗。是故天地之教,與聖人相參。【注】天地之教化,與聖人相參合無間,所謂建諸天地而不悖者也。聖人之道猶天,故曰與天地合其德。【評】按:天地之教,見於風、雷、霜、露、雷霆;聖人之教,發於《詩》《書》《易》《禮》《春秋》,其造物之功一也。而有失之愚、誣、奢、賊、煩、亂者,猶天地之無全功也。

屈節解第三十七

【注】士君子處貧賤之中,而能不屈節以事人者,以我自有伸之之道也。夫子以此謂子路,示以屈爲伸。

子路問於孔子曰:"由聞丈夫居世,富貴不能有益於物,處貧賤之中而不能屈節以求伸,則不足以論乎人之域矣。"【注】不足論人之地位。【評】子路氣象如蒼松古檜,凌空聳望,②自不同於凡卉。孔子曰:"君子之行己,期於必達。【注】達,通達也。於己可以屈則屈,可以伸則伸。故屈節者可以有待,【注】待人之知己也。求伸者所以及時。【注】欲伸其道,及時而伸。是以雖受屈而不毀其節,志大而不犯於義。"③【注】及其得志,皆合乎義。

孔子在衛,聞齊國田常將欲爲亂,【注】夫子在衛,聞齊人田常專政,欲興兵構戰之事。而憚鮑、管,④【注】鮑氏、管氏,齊之大夫也,田常有畏此二大夫也。因欲移其兵以伐魯。【注】田常既作亂,又欲移逞其兵戈以伐魯。孔子會諸弟子而告之曰:【注】夫子會合衆弟子,與言其事也。"魯,父母之國,不可不救。今吾欲屈節於田常以救魯,二三子誰爲使?"

子貢請使,夫子許之。遂如齊,説田常曰:"今子欲收功於魯,實難,不若移兵於吳,則易。"【注】言欲致功於魯,實難必克,不若徒兵伐吳,其功易成。【評】按:《傳》云:"琴

---

① "非教也",與文意相牾,疑"非"上脱"無"字。劉祥卿本注云"無非教化",何孟春本注云"而非天之教乎"。

② "望",漫漶不清,根據底本字體痕迹及上下文意補。

③ "大",黃魯曾本、劉祥卿本、何孟春本均作"達"。

④ "管",黃魯曾本、劉祥卿本、何孟春本均作"晏"。《史記·仲尼弟子列傳·子貢傳》載:"田常欲作亂於齊,憚高、國、鮑、晏。""高、國、鮑、晏"指春秋時期齊國的高昭子、國惠子、鮑牧、晏圉四人,是齊國握有實權的卿大夫。因此此處"管"應爲"晏"。

牢自齊歸，見夫子，因問齊政，而告以田常將伐魯之故。子路、子張、子石皆魯使以救顧，而夫子弗許。因命子貢往說田常，陳以伐魯之利害。"

田常不悦。【注】不樂子貢之言。子貢曰："夫憂在内者攻强，憂在外者攻弱。"田常曰："善，然甲兵已加魯矣。"子貢曰："緩師，吾請救於魯，今救魯而伐齊，子因以兵迎之。"【注】請兵往吳國，救魯伐於齊，子因以兵伐之也。田常許諾。【評】此言田常不納子貢之説，竟加兵伐魯，《傳》云："即日移兵伐吳。"未知孰是。

子貢遂南説吳曰："今齊國私千乘之魯，與吾爭强，其爲王患之。【注】今齊之田常私伐魯，與我爭强，甚爲王憂耳。且夫救魯誅齊，利莫大焉。"【注】利，失也。吳王曰："善，然吳嘗困越，越王今苦身養士，有報吳王之心。先越，然後可。"子貢曰："越之勁不過魯，吳之彊不過齊。【注】吳、越之强，不加齊、魯。王置齊而伐越，則齊必私魯矣。王方以存亡繼絶之名，【注】今王方以存亡之人，繼人之絶得名。棄强齊而伐小越，非勇也。勇者不避難，仁者不窮約，①智者不失時，義者不絶世。【注】恤人也。今救魯伐齊，威加晋國，諸侯必相率而朝，【注】諸國皆歸吳也。霸業盛矣。【注】伯者之業盛矣。臣請見越君，【注】子貢見越王。令出兵以從。"【評】《呂氏》曰："大勝小，强勝弱，多勝寡，兵家之定論也。"子貢以大、小、强、弱爲言，又以智、仁、勇、義諷之，宜乎吳王之聽從也。

吳王悦，子貢之越。【注】之，往也。【評】此見吳王之心已忘越，而越王之心未嘗一日不在吳也。越王郊迎，曰："此蠻夷之國，大夫辱而臨之。"子貢曰："今者説吳王救魯伐齊，其志欲之，而心畏越，曰：'待伐越而後可。'且無報人之德，而令人疑之；有報人之意，而使人知之，殆乎；事未發而先聞者，危矣。三者舉事之患也。今吳國疲弊，百姓怨上，【注】財竭兵弱，百姓艱苦，皆怨君也。伍員以諫死，【注】伍子胥因諫而致死。【評】《傳》載："子胥諫吳王曰：'勾踐一自東歸，卧薪嘗膽，志在復仇。今乃遠納貢稅而稱臣者，是以柔制我也。至若助兵甲、器械、金帛者，是以食養我也。今王不察，他日勾踐養兵一振，艫舟東渡，如草根再生，病源復作，雖欲除之，不可得也。'吳王不聽。太宰嚭用事，此則報吳之時也。王誠能發卒以佐之，【注】若能發士卒以助吳。重寶以悦其心，卑辭以尊其禮，則伐齊必矣。此聖人所謂屈節求其道者也。"【注】此聖人所謂屈於節，而求伸之道也。越王許。【注】聽其言。

子貢返。【注】歸吳也。越王悉境内之兵以事吳。【注】事，助也。吳王乃受越卒，遂自發兵以伐齊，敗之。【注】乃被齊所敗。越遂襲吳之國，【注】越乃乘其敗而伐之

---

①　"難""仁"爲正文，應爲大字，底本誤刻爲小字。

也。滅焉。【注】吳國乃滅。夫子曰："夫其亂齊存魯,【注】使齊之亂,魯之存。吾之初願。【注】夫子之欲。若强晉以弊吳,使吳存而越霸者,①【注】使吳之亡而越之伯。賜之説也。美言傷信,【注】言雖善,而失信於人。慎言哉!"【注】人當謹其言語。

正論解第三十八

【注】此夫子周游歷國,而評品諸君臣之詞,故以正名。亦是作《春秋》以懼亂臣賊子之意也。

孔子在齊,齊侯出田,招虞人以旌,不進,【注】虞人,掌山澤之官。旌,析羽爲之,象文德也。公使執之。【注】公欲執而殺之也。對曰:"昔先君之田也,【注】之,往也。旌以招大夫,弓以招士,皮冠以招虞人。【注】諸侯曰服皮冠,故以招掌山澤之官。臣不見皮冠,故不敢進。"乃舍之。【注】公乃置之,不罪虞人。孔子聞之曰:"善守道不如守官,【注】君招往,後守道之常。非物不進,守官之制。②君子韙之。"【注】韙,是也,君子以美之也。【評】按,《左傳·昭公二十年》:③"齊景公田於沛。"田,獵也。蒐、苗、獮、④狩必法於田,故謂之田也。

孔子覽《晉志》,【注】志,晉國史也。晉趙穿殺靈公,【注】穿,晉大夫趙盾從弟之子也。趙盾亡,未及山而還。【注】山,晉之境也。史書:【注】太史董狐之書。"趙盾弑其君。"【注】《左》有"以示於朝"五字。⑤盾曰:"不然。"史曰:"子爲正卿,亡不越境,【注】聞靈公被弑而還。返不討賊,非子而誰?"【注】盾爲國正卿,既亡而還,不能討賊以正罪,是假手于穿以弑君也。盾曰:"嗚呼!'我之懷矣,自詒伊戚',【注】此《邶風·雄雉》之辭。其我之謂乎!"孔子嘆曰:"董狐,古之良史也,書法不隱。趙宣子,⑥古之良大夫也,爲法受惡。【注】爲國法而受惡名。惜也,越境乃免。"【注】謂越境則不與聞其故,乃可免弑君之名也。【評】《左傳·宣公二年》:靈公不君,宣子盾驟諫。靈公患之,設計飲盾酒,伏甲將攻之,盾車右提彌明扶盾出,明鬥死之。初靈報德宣子,倒戟以禦公徒而免之。趙穿遂攻靈公,而弑之。

---

① "存",黃魯曾本、劉祥卿本、何孟春本均作"亡",據上下文意及注釋,此處應爲"亡"。

② 王肅注:"道爲恭敬之道。見君招便往。守官非守,招不往也。"

③ "公",原誤作"王",據《左傳》改。

④ "獮",原誤作"你",《左傳·隱公五年》:"故春蒐、夏苗、秋獮、冬狩,皆於農隙以講事也。"據改。

⑤ "以示於朝",應爲四字,注釋中"五字"的説法不確。

⑥ "宣",原作"不",據上下文意改。趙宣子,即趙盾,謚號宣孟,亦稱趙孟,春秋時晉國執政。趙盾仕晉襄、靈、成三世,屢有政績,孔子稱其爲"良大夫"。

鄭有鄉校之士，非論執政。然明【注】鄭大夫也。欲毀鄉校。子產曰："何以毀爲也？【注】大夫然明惡士之非論執政於鄉校，故欲毀，而子產止之。夫人朝夕退而游焉，以議執政之善否。【注】夫鄭之人朝夕退而游於鄉校之中，以議論執政之善與不善。其所善者，吾則行之；其所否者，吾則改之。若之何其毀也？①【注】聞其善者，吾從而行之；非者，吾從而改之。皆有益於政，如何其毀也？我聞忠善以損怨，【注】爲忠善則怨謗息。不聞立威以防怨，猶防水也。【注】未聞立刑威以防人之怨謗也，防怨如防水之流。大決所犯，傷人必多，吾不克救也。【注】大決其水之防，必至傷人之多，將不能救止也。不如小決導之，【注】不若小決其防，疏之使通。不如吾聞而藥之。"【注】又不如存其鄉校，使我聞其議而自治也。孔子聞是言也，曰："吾以是觀之，人謂子產不仁，吾不信也。"【注】夫子一聞子產之言，而信其爲仁也。【評】子謂子產有君子之道四，又謂其爲惠人，此又言其爲仁人，賢哉鄭大夫也！【評】此即止謗莫如自修之意。

鄭子產有疾，謂子太叔曰："我死，子必爲政，【注】子產有疾，與其子太叔言，我死，鄭必用子以爲政。唯有德者能以寬服民，其次莫如猛。【注】言惟有德者居上以寬，而信服其民；次則未有德者，莫如嚴以禦之可也。【評】觀子產之遺命其子，可謂深達治體者。夫火烈，民望而畏之，故鮮死焉；水濡弱，民狎而玩之，則多死焉。【注】但火性躁烈，其勢不可向邇，民畏而避之，故蹈火而死者少；水性柔弱，其勢雖汪洋，民得而狎易之，故蹈水而死者多也。【評】以水、火喻寬、猛，最切當。故寬難。"【注】爲政以寬爲難能。

子產卒，子太叔爲政，不忍猛，而寬，鄭國多掠盜。【注】太叔爲政，不忍用嚴，而以寬。國中多玩法，而爲盜竊，掠人財物。太叔悔之曰："吾早從夫子，必不及此。"【注】太叔悔其不能從夫子仁德以寬服民，②次用猛之言，以至多盜。於是悔悟而無及焉。【評】此三年無改之所以爲孝也。孔子聞之曰："善哉！政寬則民慢，慢則糾於猛，【注】糾，猶攝也。夫子聞之，言曰："善哉，政不可一於寬，不如施之以猛。"猛則民殘，民殘則施之以寬。【注】政不可一於猛，不若施之以寬，爲得衆也。【評】《君陳》曰："寬而有制，從容以和。"與夫子之言吻合。寬以濟猛，猛以濟寬，寬猛相濟，政是以和。【評】純是《左》《國》語，古而典、老而勁，非今文可及。《詩》曰：'民亦勞止，汔可小康。【注】勞民人病也，汔可以小變而爲安也。惠此中國，以綏四方。'施之以寬也。【注】言臨民以寬，則惠澤及此中國而保安四方也。'毋縱詭隨，以謹無良。【注】詭隨，小惡也，亦無縱而必懲之。式遏寇虐，慘不畏明。'【注】言此寇虐，不畏明命。糾之以猛也。'柔遠能邇，以定我王。'平之以和也。【注】

---

① "何其"二字漫漶不清，據黃魯曾本補。
② "仁"漫漶不清，據上下文意補。

柔,安也,能順習也。言遠者安而近者順,而王室定也已。上三章皆《大雅·民勞》之辭。【評】此三引《詩》,以證寬、猛之不可偏勝也。又曰:'不競不絿,不剛不柔。布政優優,百祿是遒。'和之至也。"【注】競,强也。絿,緩也。遒,聚也。此《商頌·長發》之辭。子產之卒也,孔子聞之,出涕曰:"古之遺愛也。"

孔子適齊,過泰山之側,有婦人哭於野者而哀。夫子式而聽之曰:"此哀一似重有憂者。"使子貢問之。而曰:"昔舅死於虎,吾夫又死焉,今吾子又死焉。"子貢曰:"何不去乎?"婦人曰:"無苛政。"【注】婦人告曰:"家世居於此,而吾夫之父子三代俱死於虎,是以哭焉。"子貢曰:"何不徙其家而戀戀於此乎?"婦曰:"吾家之所以世居此者,爲無苛政之及也。"子貢以告孔子。子曰:"小子識之,苛政猛於暴虎。"【注】子貢以婦人之言告於夫子,曰:"爾二三子其識之而不忘乎,苛政之虐人,尤有甚於暴虎者。"【評】噬人之虎,人得而制之;虐人之政,猶虎而翼者也,無所逃其噬焉。此民之所以寧死於虎,而不願居於苛政之國也。

晋魏獻子爲政,【注】獻子,魏舒。分祁氏及羊舌氏之田,【注】荀櫟滅晋大夫祁氏、羊舌氏,故獻子分其田。以賞諸大夫及其子成,①【注】魏成,舒之庶子。皆以賢舉也。【評】薦賢爲國,②獻子有之。又將賈辛曰:"今汝有力於王室,吾是以舉汝。【注】周有子朝之亂,賈辛帥師救周。行乎敬之哉,毋墮乃力。"【注】獻子既舉賈辛,授之職位,而又戒之曰:"往敬之哉! 毋棄乃成功,而負所舉也。"

孔子聞之曰:"魏子之舉也,近不失親,【注】子可舉而舉也。遠不失舉,【注】不以疏遠之賢而不舉。可謂美矣。"又云:"其命賈辛,以爲忠。【注】命賈辛以忠報國。《詩》曰:'永言配命,自求多福。'忠也。【注】《詩·大雅·文王》之篇。【評】此周公追述文王之德,以戒成王,欲其念爾祖之聖德以致福。與獻子戒賈辛之意同爲忠也。魏子之舉也義,其命也忠,其長有後於晋國乎。"【注】言魏子有薦賢之義,報主之忠,其後必昌也。

趙簡子【注】晋大夫趙鞅也。賦晋國一鼓鐵,③【注】三十斤爲鈞,四鈞謂之石,四石謂之鼓。以鑄刑鼎,著范宣子所爲刑書。【注】考《左傳》,范宣子無刑書,事乃出於趙宣子盾也。見《文公六年》冤夷後也。孔子曰:"晋其亡乎? 失其度矣。夫晋國將守唐叔之所受法度,【注】唐叔,成王之異母弟,始封於晋。以經緯其民者也。【注】經緯,猶組織以成文也。卿大夫以序守之,【注】序,次第也。民是以能遵其道而守其業,貴賤不愆,所

---

①　"成",原作"戌",據黃魯曾本改。

②　"薦賢"二字漫漶不清,據文意補。

③　"鐵",黃魯曾本作"鐘",劉祥卿本、何孟春本均無此内容。

謂度也。文公是以作執秩之官，爲被廬之法，【注】被廬，晋地名。按：文公始伯，蒐於被廬，示民以禮，作執秩以正其官，爲正法。蒐，治兵也。以爲盟主。今棄此度也，而爲刑鼎，銘在鼎矣，何以尊貴？【注】民將棄度而徵於書，不復戴奉上也。何業之守也？【注】民不奉上，則上無所守也。貴賤無序，何以爲國？【注】無貴賤之品秩，則不成國。且夫宣之刑，夷之蒐也，【注】夷，晋地名。文公六年蒐於夷，以治軍旅，使狐射姑爲中軍，趙宣子爲佐。靈公初年，陽處父党於趙氏，改蒐於董，易宣子爲中軍，射姑爲佐。宣子於是始爲國政，以制晋法，故趙子欲以鑄刑鼎。晋國亂制，【注】射姑怨處父，殺之，故曰亂制。若之何其爲法乎？"【評】《左》：趙宣子始秉國政，制事典，正法罪；辟刑獄，董逋逃；由質要，治舊洿，本秩禮，續常職，出淹滯。既成，以授太傅陽子與太師賈佗，使行諸晋，①以爲常法。

楚昭王有疾，卜曰："河神爲祟。"王弗祭，大夫請祭諸郊。王曰："三代命祀，祭不越望。【注】天子望祀天地，諸侯祀境内，故曰"祭不越望"也。江、漢、沮、漳，楚之望也。【注】四水，楚之所當祀也。禍福之至，不是過也。【注】不過境内山川而已。不穀雖不德，河非所獲罪也。"遂不祭。【注】昭王不信卜者之言。大夫之請而繳福于神，可謂有定見矣。孔子曰："楚昭王知天道矣，【注】求之於己，不越祀也。其不失國也宜哉。【注】楚爲吳所滅，昭王既出奔，已而復國。【評】觀昭王不惑卜者之言而祭非其鬼，可謂有定見矣，故夫子以"知道"美之。《夏書》曰：'維彼陶唐，率彼天常，【注】陶唐，堯也。率，循常道也。在此冀方。【注】都於冀州也。今失厥德，亂其紀綱，乃底滅亡。'【注】言桀失其常道而紊亂其綱紀，足以自致於滅亡也。【評】《夏書》出于《五子之歌》，無"率彼天常"句。又曰：'允出兹在兹。'由己率常，可矣。"【注】言善惡咎有類，②信出乎此則在此。以能率循常道，斯可也。

衛孫桓子侵齊而敗，齊人乘之。時新築【注】地名。大夫仲叔于奚，于奚請曲懸之乘，③【注】《禮》，天子車懸四周，諸侯軒懸闕一面，故謂之曲懸也。繁纓以朝。【注】繁，馬飾大帶也。纓，當馬胸，銜以黄金爲口勒也。許之，書三官。【注】司徒、司馬、司空。子路仕衛，見其故，以訪孔子。子曰："惜也！不如多與之邑，惟器與名，不可以假人。【注】禮樂以器，尊卑以名。君之所司，【注】司，主也。名以出信，信以守器，器以藏

---

①　"諸"，原作"説"，文意不通，據《左傳》改。

②　"類"，原作"頗"，據王肅注改。王肅注曰："言善惡各有類，信出此則在此，以能循常道，可也。"

③　"乘"，黄魯曾本作"樂"。"曲懸之樂"王肅注曰："諸侯軒懸，軒懸闕一向也，故謂之曲懸之樂。"據周禮，諸侯之樂，室内三面懸樂器，形曲，謂之"曲縣"。"縣"，爲"懸"的古字。《左傳·成公二年》載："請曲縣、繁纓以朝，許之。"杜預注曰："軒縣也。周禮，天子樂宫縣四面，諸侯軒縣，闕南方。"孔穎達疏引王肅注曰："軒縣闕一面，故謂之曲縣。"綜合以上分析，此處應爲"樂"，即"曲懸之樂"。

禮，【注】有器，然後行其禮。禮以行義，義以生利，利以平民，政之大節也。若以假人，與人政也。政亡，則國家從之，不可止也。"【評】司馬温公曰："繁纓，小物也，而孔子惜之；正名，細務也，而孔子先之。"于此可證。

公父文伯之母，【注】文伯，名。母，穆伯妻，敬姜也。紡績不解，文伯諫焉。其母曰："古者王后親織玄紞，【注】紞，冠垂也。公侯之夫人加之紘綖，【注】纓屈而上者謂之紘。綖，冠之上覆也。卿之内子【注】内子，卿之妻也。爲大帶，【注】緇布也。命婦成祭服。【注】命婦、大夫士皮弁、素幘；諸侯士玄端，委貌。①庶士以下，各衣其夫。【注】庶士以下之妻，各紡績以衣其夫。【評】孟子曰："夫人蠶繅，以爲衣服。"②古先王之制也。秋而成事，烝而獻功，【注】男女春秋而勤歲事，冬祭而獻其功。一作社而賦事，春分祭社藝農桑，冬而烝獻穀米布帛之功。女事紡績，偆則有辟，③【注】偆，與愆同；辟，罪也。聖王之制也。今我寡也，爾又在位，【注】我今爲寡母，爾又有官守之責。朝夕恪勤，猶恐忘先人之業，況有怠惰，其何以避辟？"【注】若然懈怠，其何以避罪乎？孔子聞之曰："小子志之，季氏之婦，可謂不過矣。"【評】文伯氏之母可以爲儀則矣，故夫子加之。

哀公問於孔子曰："二三大夫皆勸寡人，使隆敬於高年，何也？"【注】尊高年，所以養其老也。孔子對曰："君之及此言，將天下實賴之，豈唯魯哉！"【注】君能從敬老之言，行養老之政，天下之人莫不仰賴，豈特魯國已哉！【評】孟子曰："天下有達尊三：爵一，齒一，德一。"公曰："何也？其義可得聞乎？"【注】公問其敬老之義何如。孔子曰："昔者，有虞貴德而尚齒，夏后氏貴爵而尚齒，殷人貴富而尚齒，周人貴親而尚齒。【注】或貴德、貴爵、貴富、貴親之有不同，而其尚齒則無不同也。虞、夏、殷、周，天下之盛王也，未有遺年者焉。高年者，貴於天下久矣，【注】自大舜、禹、湯、文武四代之爲君，皆以尊高年爲事，則齒之達尊於天下久矣。次于事親。是故朝廷同爵而尚齒，七十杖於朝，君問則席；【注】席，位也。八十則不仕朝，君問則就之，而悌達乎朝廷矣。【評】朝廷莫如爵，鄉黨莫如齒，輔世長民莫如德，蓋本諸此。其行也，肩而不並，【注】禮當徐行，不敢與長者並肩矣。不錯則隨，【注】錯，鴈行，父黨隨行，兄黨也。④班白者不以負任於道路，而悌達乎道路矣；居鄉以齒，【注】鄉黨莫如齒。而老窮不匱，【注】《記》作遺。強不犯弱，衆不暴寡，而悌達乎州巷矣；古之道，五十不甸役，【注】四丘爲甸。君田，則起甸之卒徒。

---

① "命婦"，王肅注曰："大夫之妻爲命婦。"
② 出自《孟子・滕文公下》。
③ "偆"，"愆"的異體字。
④ "不錯則隨"，王肅注曰："錯，鴈行。父黨隨行，兄黨鴈行也。"

五十始老，故役不及也。①頒禽隆之長者，【注】長者多賜予之。而悌達乎蒐狩矣；【注】蒐狩之間，亦以齒爲尚也。軍旅什伍，同爵則高齒，而悌達乎軍旅矣。【注】軍伍之間，亦以齒爲尚也。夫聖王之教，孝悌發於朝廷，行於道路，至於州巷，放於蒐狩，循於軍旅，則衆感【注】《記》，一作咸，②以義，死之而弗敢犯。"【評】孟氏所言王道，儼然孔氏家法。公曰："善哉。"【評】使哀公一一舉行，則文武之政可復見，而東之志畢矣。

哀公問於孔子曰："寡人聞東益宅不祥，【注】東益，宅名。信有之乎？"孔子曰："不祥有五，而東益不與焉。【注】天下不祥之實有五者，而東益之宅不與其間。夫損人自益，身之不祥；【注】損人利己，忍身戕理，爲身之不祥。棄老而取幼，家之不祥；【注】侮老成人，而寵愛少者，爲家之不祥。釋賢用不肖，國之不祥；【注】用舍失宜，爲國之不祥。老者不教，幼者不學，俗之不祥；【注】父兄不能教，子弟不能學，乃俗之不祥。賢人伏匿，愚者擅權，天下之不祥。【注】賢智隱遁，而愚佞竊位，爲天下之不祥也。不祥有五，東益不與焉。"【評】《商書》云："作善，天降之百祥；作不善，天降之百殃。"顧人君之所作爲何如耳，于東益宅何與焉？

曲禮子貢問第三十九

【注】禮有經，有曲，經禮三百，曲禮三千。子貢之問，誠天地間紀綱之正道，倫常之大端，故以爲名篇。

子貢問於孔子曰："晋文公實召天子，而使諸侯朝焉。【注】晋文公會諸侯于溫，召襄王且使狩於河陽，因使諸侯朝。夫子作《春秋》，云'天王狩於河陽'，何也？"【注】此實諸侯召天子，而言"天子巡狩於諸侯"，何也？子曰："以臣召君，不可以訓，亦書其率諸侯事天子而已。"【注】臣之召君，不可爲訓於後世，故於《春秋》特書"天王出狩"云耳。【評】君臣之分，無所逃於天地之間者，晋文之譎而不正於民可見。

子貢問曰："管仲失於奢，晏子失於儉，與其俱失矣，二者孰賢？"【注】問管、晏之奢、儉，俱而失中，二者果孰愈乎？子曰："管仲鏤簋而朱紘，【注】鏤簋而飾之。朱紘，天子冕之紘。旅樹而反坫，③【注】旅，施。樹，屏也，天子外屏，諸侯內屏。反坫，在兩楹之間，人君

---

① "起甸之卒徒"，意爲起用甸中的下層民衆。王肅注曰："五十始老，不爲力役之事，不爲田獵之徒也。"

② "《記》一作咸"，底本誤爲正文，此處改爲注釋。

③ "坫"，黄魯曾本作"坫"。"坫"，從土，占聲，古代設於堂中供祭祀、宴會時放禮器和酒具的土臺。"玷"，白玉上的斑點。從前後文意思來看，此處用"坫"更爲合理。

好會，獻酬禮畢，反爵於其上。山節藻梲。【注】刻山雲於節，畫藻文於梲。賢大夫也，而難
爲上。【注】數其所爲，則有踰分之事，而難爲在其上者。【評】夫子謂管仲之器小哉，以其不知聖
賢之大道也。晏平仲祀其先祖，而豚肩不掩豆，①【注】言鄙其少也。狐裘三十年。
賢大夫也，而難爲下。【注】即其所爲，有不及分之事，而難爲在其下者。君子下不僭上，
下不偪下。”②【注】律之以君子之道，均失之也。【評】從晏子事實説出，在在典核。

　　子貢問曰：“殷人既窆而弔於壙，周人反哭而弔於家，如之何？”【注】言喪禮一
也，殷人與周人不同，何也？孔子曰：“反哭之弔也，喪之至也。反而亡矣，失之矣。
於斯爲甚，故弔之。【注】言不復得見其親，哀於是爲甚，故弔之。死，人卒事也。殷以
愨，【注】大質也。吾從周。殷人既練【注】練，其期年祭也。之，明日而祔于祖。周人
既卒哭【注】虞而卒哭，葬而祭也。之，明日而祔于祖。祔，祭神之始事也。【注】舉新主
入廟，以鬼祀之也。周以戚，【注】言忌於鬼，事其親也。吾從殷。”【評】弔喪之舉從周，祔葬之
宜從殷。聖人禮義之中正，於此可見。

　　子路問於孔子曰：“傷哉，貧也。生而無以供養，死則無以爲禮也。”【注】子路
傷己之貧，不能事親也。生不能致其養，歿不能盡其情，如之何其可。子曰：“啜菽飲水，盡
其歡心，斯爲之孝乎？斂手足形，旋葬而無椁。【注】親之歿也，爲具衣衾，斂其形骸，有
棺而無椁，而便附葬之也。稱其財，爲之禮，貧何傷乎？”【注】稱家之有無，以成其葬親之
禮，盡人子之至誠而已，貧何傷乎？【評】昔子路仕衛，食前方丈，從者數百，而親不以養。③追思爲
親負米百里之外，而不可得。可謂生事竭力，歿事盡忠者也。

　　吳延陵季子聘於上國，適齊。於其返也，其長子死於嬴、博之間。【注】季子
聘齊而歸，喪長子於嬴、博之地。孔子聞之曰：“延陵季子，吳之習於禮者也。”往而觀
其葬焉。其斂，以時服而已；【注】隨冬夏所衣之服，而無所增益。其壙，掩坎深不至於
泉；【注】其窆窆之深淺得宜。其葬，無盟器之贈。【注】無殉葬之物也。既葬，其封廣輪

---

①　“掩”，黃魯曾本作“揜”。

②　“下不僭上，下不偪下”，結合上下文意理解，應爲“下不僭上，上不偪
下”。此句黃魯曾本作“上不僭下，下不偪上”，劉祥卿本作“上不僭上，下不偪下”，何孟春本作“下不僭上，上不偪下”。
《禮記·雜記下》載：“晏平仲祀其先人，豚肩不揜豆，賢大夫也，而難爲下也。君子上不僭上，下不
偪下。”考之字義，“僭”，超越本分，古時指地位在下之人冒用地位在上之人的名義或禮儀、器物。
“偪”，《集韻》：“與逼同。侵迫也。”意爲逼迫。根據對關鍵字“上”“下”的不同解釋，如將文意理解
爲“下面的人不僭越上面的人，上面的人不逼迫下面的人”，則何孟春本的記述“下不僭上，上不偪
下”最爲合理；若理解爲“向上不僭越，向下不逼迫”，則《禮記》的記載“上不僭上，下不偪下”最爲
合理。

③　“以養”二字漫漶不清，據上下文意補。

【注】東西曰廣,南北曰輪,不過度也。掩坎,其高可時隱也。【注】《記》無"時"也。【評】吳季子葬子之禮,可謂得宜矣。既封,則季子乃左袒,右還其封,【注】相與環而觀之。且號者三,曰:"骨肉歸於土,命也! 若魂氣則無所不之,無所不之!"而遂行。【注】季子三號而言曰:"使我骨肉歸於此土,莫非命也。至若魂氣,則飄揚渺漠,無所不往,其逐我以歸乎!"孔子曰:"延陵季子之禮,其合矣。"【評】此禮合於古道,其愛子以禮,可爲萬古法。程夫子之贊季子,乃以教后世也。

　　子游問喪之具。子曰:"稱家之有無焉。"子游曰:"有亡惡乎齊?"①【注】《記》"惡"作"河","齊"作劑量之"齊"。②子曰:"有也,則無過禮。苟亡矣,則斂手足形,還葬,【注】還葬、斂畢,即葬盡禮也。【評】"還",當作"旋",言即葬也。懸棺而封。【注】以手懸繩而下,③無碑縴也。碑,下窆鹿盧柱也。縴,大索也。人豈有非之者哉?【注】喪具稱家之有無,人亦不得而議其非也。故夫喪亡,與其哀不足而禮有餘,不若禮不足而哀有餘也;祭祀,與其敬不足而禮有餘,不若禮不足而敬有餘也。"

　　子路有姊之喪,可以除之矣,而弗除。【注】服姊之喪有定制,服闋而不除。子曰:"何不除也?"子路曰:"吾寡兄弟,而弗忍也。"子曰:"行道之人皆弗忍。先王制禮,過之者俯而就之,不至者企而及之。"【注】言路人皆有不忍之心,但禮制不可太過,不可不及,要在約之於中小也。子路聞之,遂除之。【評】朱子曰:"誠爲實,禮爲虛。"此之謂也。

　　衛公使其大夫求婚於季氏,桓子問禮於孔子。④【注】桓子問禮於夫子之可否。⑤孔子曰:"同姓爲宗,有合族之義,故繫之以姓而弗別,綴之以食而弗殊。【注】君有食族人之禮,雖親盡,不異族食多少也。⑥雖百世,婚姻不得通,周道然也。"【注】凡同姓,雖百世之遠,而婚姻不相通,周之道然也。【評】子路所言者,禮;子路所告者,情。情私而禮公,故不因以情而越禮。桓子曰:"魯、衛之先,雖寡兄弟,今已絕遠矣,可乎?"【注】桓子言魯、衛之先,雖爲兄弟之國,今已世遠服絕矣,不亦可乎? 孔子曰:"固非禮也。夫上治祖禰,以尊尊之;下治子孫,⑦以親親之;旁治昆弟,⑧所以教睦也。此先王不易

---

①　"乎",與何孟春本、劉祥卿本同,黃魯曾本作"於"。

②　此注有誤,《禮記》此句即作"有亡惡乎齊",見《禮記·檀弓》。

③　"手",原作"乎",爲形近而訛。

④⑤　"問",底本誤作"間",據黃魯曾本改。

⑥　王肅注曰:"君有食族人之禮,雖親盡,不異之族食多少也。""族",或爲"殊",則此句斷句爲:"君有食族人之禮,雖親盡,不異之,殊食多少也。"

⑦　"下",原作"不"。黃魯曾本作"下","下"與前文"上治祖禰"意思相對,語意連貫順暢,因此此處應爲"下"。"不"爲形近而訛。

⑧　"旁",原脫,據黃魯曾本補。

之教也。"【注】敬其所尊，愛其所親，以睦宗族。此先王之定訓也。【評】《傳》曰："派流雖異，根系本同。"百世而婚姻不通，亦所以別嫌明微也。

　　孔子在宋，【注】夫子在宋國。見桓魋自爲石椁，三年而不成。夫子愀然曰：【注】愀然不安而言。"若是其靡也，【注】如此奢侈。死不如速朽之愈。"冉子僕，曰："禮，凶事不備，①此何謂也？"【注】在禮，喪事不備，此何爲者也？夫子曰："既死而議謚，【注】既死之後，方議是號。②【評】謚自周公。太公開嗣王業，建功牧野，將葬而祭謚之，其法始立。蓋稽其行誰，③核其素履，而榮辱之誡，風亂天下，後世之大興也。謚定而卜葬，既葬而立廟，皆臣子之事，非所豫屬也，況自爲之哉。"【評】按：立廟以象生之有室也。然有廟必有祭，有祭必有義，以神道事之也。

　　南宮敬叔以富得罪於定公，奔衛，衛侯請復之，載其寶以朝。【注】掘載其寶，不以朝王。④夫子聞之曰："若是其貨也，【注】多財曰貨。喪不若速貧之愈。"【注】喪，失位也。失位不若速貧之爲上。子游問曰："敢問何謂？"【注】敢問何謂速貧。孔子曰："富而不好禮，殃也。敬叔以富喪矣，而又弗改，吾恐其有後患也。"⑤敬叔聞之，遂如孔氏，⑥【注】敬叔見夫子，以往謝其言也。而後循禮施散焉。【注】乃依循禮法，而散其財貨。

　　孔子在齊，齊大旱，春飢。景公問於孔子曰："如之何？"【注】齊侯問夫子，救民當如何。孔子曰："凶年内役不興，⑦【注】夫子言凶荒之歲，不可勞役於百姓。馳道不修，【注】君道不備也。祈以幣，祭祀不懸，【注】祭祀不作樂。祀不以牲。【評】此告景公以救荒之策。此賢君自貶以救民之禮也。"【注】自貶斥其罪，以救百姓，禮如此也。【評】結云："賢君救民，可爲得禮之原矣。"

曲禮子夏問第四十

　　【注】此子夏之問，就曲禮中處變而言也。其所以處君、父、兄、弟之大倫，而凡禮之極，則者皆有，以適其宜。

　　子夏問於孔子曰："居父母之仇如之何？"【注】言父母有仇人，子必思所以報之，其

---

① "備"，黃魯曾本、劉祥卿本、何孟春本均作"豫"。
② "是"，疑爲"謚"之誤，"謚號"，非"是號"。
③ "誰"，可能不確，疑爲"事"。
④ 注釋"不以朝王"與原文"載其寶以朝"的意思相反，因此疑注文中的"不"爲衍文。
⑤ "恐"，黃魯曾本、劉祥卿本、何孟春本均作"懼"。
⑥ "遂"，黃魯曾本、劉祥卿本、何孟春本均作"驟"。
⑦ "内"，黃魯曾本、劉祥卿本、何孟春本均作"力"。

如之何？子曰："寢苫，【注】苫，覆草也。喪以覆席。枕干，【注】干，楯，所以捍敵者。不仕，弗與共天下也。遇於朝市，不返兵而鬥。"【注】未仕，則不與之同朝。遇途市，必鬥，兵常不離身也。曰："請問居昆弟之仇如之何？"【注】言處兄弟之仇，不同于父母，其道何如？子曰："仕，弗與同國。銜君命而使，①雖遇之不鬥。"【注】仕，不與之同國。奉君命爲使，雖遇不與之鬥。先國家之務，而後私仇也，當如此。【評】人有恒言曰："父母之仇，不共戴天。兄弟之仇，不與同國。"即夫子告子夏之意。曰："請問從昆弟之仇如之何？"②曰："不爲魁，【注】從昆弟則稍疏矣，而我不專任也。主人能報之，則執兵而陪其後。"【注】衆昆弟有能報復者，當執兵戈而隨助其後焉。【評】此亦以直執怨之道，而孝悌之心盡矣。

子夏問："三年之喪既卒哭，金革之事無避，禮與？初有司爲之乎？"【注】問三年之喪服已除，可以事金革而無避，禮之所在乎？初當有司之職而爲之乎？子曰："夏侯氏之喪三年，③既殯而致事，殷人既葬而致事，周人既卒哭而致事。【注】致仕，④還政於君也。卒哭，卒無時之哭。大夫三月而葬，五月而卒哭，士既葬而卒哭也。【評】三年之喪，自天子至於庶人，無貴賤一也。記曰：'君子不奪人之親，亦不可奪親也。'"【注】親，《記》作喪。疏曰：不奪人親，喪之情恕也。亦不自奪其親喪之情，孝也。子夏曰："金革之事無避，非與？"子曰："吾聞諸老聃曰：'魯公伯禽有所爲之也。'⑤【注】伯禽有母喪，東方有戎爲不義。伯禽爲方伯，故不得不誅。今以三年之喪從利者，【注】從利者，從其攻取之利也。吾弗知也。"【評】居喪而不事金革，禮之經也；有所爲而爲之，權也。於老氏之言無益信。

子夏問曰："官於大夫，既升於公，而反爲之服，禮與？"【注】問官於大夫之家，既薦升爲公朝之臣，而又反爲大夫之服，禮之所在與？【評】再用子夏一問，更發一番議論。子曰："管仲遇盜，取二人焉，上之爲公臣，曰：'所與游辟也，【注】原其所游，相誘爲盜爾。可人也。'【注】言猶爲可用也。公許。管仲卒，桓公使爲之服。官於大夫者爲之服，自管仲始也，有君命焉。"【注】桓公因管仲之薦而許用，之後仲卒，公使二人爲之服，蓋亦承君之命也。【評】"禮，爲舊君有服"，不背本也。⑥

季平子【注】名意如。卒，將以君之璠璵斂，【注】按：昭公出於乾侯，平子行君事，嘗佩璠璵，故桓子期欲用以斂也。贈以珠玉。【注】按禮當葬，主人贈玄、纁各二，不以珠玉。【評】此

---

① "使"，原作"死"，文意不通，與注文"奉君命爲使"意思不符，據黃魯曾本改。
② "從昆弟"，原脫"從"字，據黃魯曾本補。
③ "侯"，黃魯曾本作"后"。
④ "仕"，正文未出現"仕"字，注釋改"事"爲"仕"。
⑤ "所爲"，《禮記·曾子問》作"爲爲"，黃魯曾本也作"爲爲"。
⑥ "背"，底本誤作"皆"，爲形近而訛。

大夫僭禮之妄。孔子初爲中都宰，聞之，歷級而救焉，【注】歷級，遽登階不聚足，而急救其過也。曰："送死而以寶玉，是猶曝尸於中原也。【注】言以寶玉殉葬，與暴露其形骸於道路者何異？【評】《易》曰"慢藏誨盜"，此之謂也。其示民以奸利之端，而有害於死者，安用之？且孝子不順情以危親，忠臣不兆奸以陷君。"①【注】兆奸，爲奸之兆端也。危親非孝，陷君非忠，可不察乎？乃止。【評】忠孝之道如此。惜乎三家不足與言也。

孔子之弟子琴張，與宗魯友。衞齊豹見宗魯於公子孟縶，【注】琴張與宗魯相友善，齊豹薦宗魯見公子孟縶，縶乃靈公之兄也。孟縶以爲參乘焉。及齊豹將殺孟縶，【注】縶奪豹司寇與甄邑，豹將爲亂。告宗魯使行。【評】《易》曰："比之匪人，不亦傷乎！"宗魯曰："吾由子而事之，今聞難而逃，是僭子也。【注】使豹失薦己之信。子行事乎，吾將死以周事子，②【注】周豹薦己之事。而歸死於公孟，可也。"【注】時公孟將祭，以蓋獲之門外，宗魯參乘，及閎中。齊氏用戈擊公孟，宗魯以背蔽之，斷肱，中公孟、宗魯皆死。【評】宗魯事非其人，死難何益？琴張聞宗魯死，將往弔之。子曰："齊豹之盜，而孟縶之賊也，汝何弔焉？君子不食奸，【注】知公孟之不善，而食其祿，是食奸也。不受亂，【注】許豹行事，受亂也。不爲利病於回，【注】回，利也。以利，故不能去病於邪。不以回事人，【注】《左》作"待人"，"知難不告，以邪待人也"。③不蓋非義，【注】周事於豹，蓋不義也。不犯非禮，【注】二心事縶，犯非禮也。又何弔焉？"琴張乃止。【評】言宗魯所行，爲君子之罪人，以見其不必弔也。

子夏問於孔子曰："《記》云：周公相成王，教之以世子之禮，有諸？"孔子曰："昔者成王嗣立，幼未能蒞阼。周公攝政而治，抗世子之法於伯禽，欲王之知父子、君臣之道，所以善成王也。【注】伯禽，周公子也。教之以世子之法者，正欲令成王知父子、君臣之道，所以善其身也。夫知爲人子者，然後可以爲人父；知爲人臣者，然後可以爲人君；知事人者，然後可以使人。是以抗世子之法於伯禽，【注】故周公教伯禽之法世子也。使成王知父子、君臣、長幼之義焉。【評】周公曰："今王嗣受厥命，劼亦惟兹二國命，嗣若功。知今乃初服。"召公曰："嗚呼！有王雖小，元子哉。其丕能諴於小民，今休。王不敢後，用畏於民巖。"④二公勉輔成王之忠勤，于此可見。世子齒於學，則國人觀之，曰：'此將君我，而與我齒讓，何也？'曰：'有父在，則禮然。'然

① "忠臣"，原作"忠君"，文意不通，黃魯曾本、劉祥卿本、何孟春本均作"忠臣"，據改。
② "以周事子"，黃魯曾本作"以事周子"。
③ 《左傳·昭公二十年》："不以回待人。"杜預注曰："知難不告，是以邪待人。"
④ 《尚書·召誥》："今王嗣受厥命，我亦惟兹二國命，嗣若功。王乃初服。"又："嗚呼！有王雖小，元子哉。其丕能諴於小民，今休。王不敢後，用顧畏於民巖。""諴"，底本誤作"誠"，據改。

而衆知父子之道矣。其二曰：'此將我君，①而與我齒讓，何也？'曰：'有君在，則禮然。'然而衆知君臣之義矣。其三曰：'此將君我，而與我齒讓，何也？'曰：'長長也，則禮然。'【注】言禮則當如此。然而衆知長幼之節矣。"【評】此"上好禮，民易使"。②于爲國也何有。

曲禮公西赤問第四十一

【注】此公西赤所問，就曲禮中之送終者而言也。禮之爲體，莫大于喪、葬。于此而曲盡其誠，洋洋美德也。

　　公西赤問於孔子曰："大夫以罪免，卒，其葬也如之何？"子曰："大夫廢其事，終身不仕，死則葬以士禮。【注】言大夫既仕，而免官終身不就事者，死則以士禮葬者。老而致仕者，死則從其列。"【注】年老而還政於君者，死則從大夫之禮葬之。【評】大夫以禮致政，與罪免者不同，故其葬禮亦異也。

　　公儀仲子嫡子死，而立其弟。檀弓問子服伯子："何居？我未之前聞也。"【注】檀弓問："嫡子死，而立弟之義何如？我未聞前有此事也。"子服伯子曰："仲子亦猶行古人之道。昔者文王捨伯邑考，而立武王；微子捨其孫腯，而立其弟衍。"【注】微子適子先卒，立其弟衍，是爲微仲。子游以聞諸孔子，子曰："否，周制立孫。"【評】按《史記》伯邑考，文王長子兄弟十人，惟發最賢，左右輔王，③故文王舍伯邑考，而立發爲太子，④後爲武王，克商，封同母弟八人。而伯邑考先卒，後武王崩，子誦立爲成王，故夫子曰："周制立孫。"

　　孔子之母既喪，將合葬焉。曰："古者不祔葬，爲不忍先死者之復見也。《詩》云：'死則同穴。'自周公已來，祔葬矣。【注】引《詩》言以見自周公時，已有祔葬之舉矣。故衛人之祔也，離之，有以間焉；魯人之祔也，合之矣。夫吾從魯。"遂合葬於防。【注】地名。【評】祔葬之舉，自周公時已行之。夫子亦難，從魯俗而已。曰："吾聞之古墓而不墳，今丘也。東西南北之人，不可以弗識也。【注】夫子言，聞古者爲墓而不墳，今丘則周流四方，不可無墳，以識不忘。吾見封之若堂者矣，【注】堂，形四方而高者。又見若防者矣，【注】防，上平，旁下，南北長也。又歸覆夏屋【注】旁廣而平也。者矣，又見

────────────

① "我君"，上下文均爲"君我"，根據文意和上下文，"君我"似更恰切。
② 此句出自《論語·憲問》，其曰："子曰：'上好禮，則民易使也。'"
③ "輔"，原作"父"，據《史記》改。
④ 《史記》："同母昆弟十人，唯發、旦賢，左右輔文王，故文王舍伯邑考，而以發爲太子。"

斧形者矣。吾從斧者焉。”【注】制墓從其儉也。於是封之崇四尺。【評】封如斧形，取其易就也。孔子先反虞，門人後，雨甚，至墓崩，修之而歸。孔子問焉，曰：“爾來何遲？”【注】夫子言，爾歸何其遲慢也哉。對曰：“防墓崩。”孔子不應，三云。【注】門人對言：“時大雨，墓崩，修築，故來遲。”夫子不答，因三言其事。孔子泫然而流泣，曰：“吾聞之，古不修墓。”及二十五月而大祥，五日而彈琴不成聲，十日過禫而成笙歌。【注】人子服親之喪，三年不爲樂，必及大祥。而後彈琴，尚不成聲，餘哀未忘也，過禫服而後笙歌焉。【評】言人二十五月而大祥，二十七月而禫至，二十七月有奇而後哀上。①

　　孔子有母之喪，既練，【注】練，期年祭也。陽虎弔焉。私於孔子曰：“今季氏將大饗境内之士，子聞諸？”孔子曰：“丘弗聞也。若聞之，雖在衰絰，②亦欲與往。”【注】夫子言丘未聞也。若聞之，雖在衰絰之中，③亦欲往而與其饗也。陽虎曰：“子謂不然乎？季氏饗士不及子也。”陽虎出，曾點問曰：“答之何謂也？”孔子曰：“己則衰服，猶應其言，示所以不非也。”【注】孔子衰服，陽虎之言犯禮矣。故孔子答之，以示不非其言也。【評】陽虎之弔喪，而有季氏享士之言，非禮矣，故夫子權詞以對。其待小人，不惡而嚴如此。

　　原思言於曾子，曰：“夏后氏之送葬也，用盟【注】盟，《記》作明。器，示民無知也；殷人用祭器，示民有知也；④周人兼而用之，示民疑也。”“其不然矣。夫以盟器，鬼器也；⑤祭器，人器也。【注】夏人以死爲無知，故用鬼器；殷人以死爲有知，故用人器。古之人胡爲而死其親也？”【注】言夏后氏不忍以無知待其親也。【評】孟子曰：“養生者不足以當大事，惟送死可以當大事。”蓋人子事親之終，不可不慎也。

　　子游問於孔子，子曰：“之死，【注】之，往也。之死，送死也。而致死乎？不仁，不可爲也。【注】送死而極，以死禮待之，是無愛之之情。之死，而致生乎？不智，不可爲也。【注】送死而極，以生禮待之，是不明其理。凡爲盟器者，知喪道也，備物而不可用也。是故竹不成用，【注】謂籩之無緣也。而瓦不成膝，【注】膝，《檀弓》作味洙也，乃漆字之誤。琴瑟張而不平，【注】不可彈也。笙竽備而不和，【注】不可吹也。有鐘磬而無簨虡。【注】簨虡，所以懸鐘磬者，無所不可擊也。其曰盟器，神明之也。哀哉！死

────────────

①　“上”，疑當作“止”，爲形近而訛。

②③　“絰”，原作“經”，據魯曾本改。《左傳·僖公十五年》：“穆姬聞晋侯將至，以太子罃、弘與女簡璧登臺而履薪焉。使以免服衰絰逆。”

④　“殷人用祭器，示民有知也”，原文無，導致文意不通，據黄魯曾本補。

⑤　“其不然矣。夫以盟器，鬼器也”，原無，與注釋不能相符，文意不通，疑爲脱文，據黄魯曾本補。

者而用生者之器,不待於用殉也。"【注】殺人以從死,謂之殉。【評】不欲以生器用之死,其別嫌違微,①嚴矣哉。

子游問於孔子曰:"葬者,塗車芻靈,自古有之。【注】古之治葬者,以土爲車、束草爲人以殉。然今人或有偶,【注】偶以木爲之,象人也。是且無益於喪。"【注】言用偶以殉葬,亦無益於死者。孔子曰:"爲芻靈者善矣。爲偶者不仁,不殆於用人乎?"【注】言古爲芻靈者,善制矣。若今之用偶,則面目肌膚太似人形,以之殉葬,不幾於用人乎?不仁甚矣。【評】《孟子》作:"仲尼曰:'始作俑者,其無後乎?'其爲像人而用之也。"本諸此。

子路爲季氏宰。季氏祭,逮昏而奠。【注】逮昏,天欲明未明之時也。終日不足,繼以燭。雖有強力之容、肅敬之心,皆倦怠矣。【注】行祭至於終日之久,猶未畢禮,繼之以燭。雖有執事之恪者,皆精神疲倦矣。有司跛倚以臨事,其爲不敬也大矣。【評】《書》曰:"鬼神無常享,享于克誠。"若無其誠,則無其神矣。行之終日,亦奚以爲? 他日祭,子路與焉。室事交於户,【注】執事於室者,交於户之内外。堂事當於階。【注】執事於堂者,當於階之上下。質明而始行事,【注】質明,平明之時,始行祭祀之事。晏朝而徹。【注】至晏朝之候,而收徹祭器,典禮畢矣。孔子聞之,曰:"以此觀之,孰謂由也而不知禮?"

本姓解第四十二

【注】本姓,所以上承千百年之宗祧,下啓億萬世之胤嗣。試觀《夫子世家》《本紀》,則本於朱而姓孔者也。

孔子之先,宋之後也。【注】孔子之先祖,乃宋之後也。微子啓,帝乙之元子,入爲王卿士。【注】微,國名。子,爵也。初武王克殷,封紂子武庚於朝歌,使奉湯祀。【注】守成湯之祀,以繼一王之後也。武王崩,而與管、蔡、霍三叔作難。【注】三叔流言,脅武庚以叛。周公相成王,東征之。命微子代殷之後,【注】成王命微子繼殷之後。與國遷於宋。弟號微仲,生宋公,宋公世爲宋卿。【注】世世爲宋國之卿。【評】《書》云:武王崩,成王幼,周公攝政,三叔流言"公將不利於孺子"。周公居東二年,則罪人斯得,即其事也。

弗父何生宋父周,周生世子勝,勝生正考甫,考甫生孔父嘉。五世後,以孔爲氏焉。【注】五世親盡,別爲公族,故後以孔爲姓。孔父生子木金父,金父生睪夷,睪

---

① "違",應爲"明"。《禮記·禮運》:"是故禮者,君之大柄也,所以別嫌明微,儐鬼神,考制度,別仁義,所以治政安君也。"

夷生防叔。防叔生伯夏，伯夏生叔梁紇。【注】娶施氏，生九女而無子。叔梁紇其妾生孟皮，字伯尼，伯尼有足疾，於乃求婚於顏氏。禱尼丘山，而生孔子。十九，娶于宋之亓官氏，①生伯魚。【注】夫子十九歲娶亓官氏，②乃生鯉，字伯魚。魯昭公以鯉魚賜孔子，榮君之貺，故因名曰鯉，而字伯魚。伯魚年三十，先孔子卒。【評】按，玉書、天樂、五老、二龍事不經見，先儒以爲異，疑而不載。噫！傅說自星生，甫甲自獄降。③古昔賢哲之生瑞應，而況天之篤生大聖者乎？

　　齊太史子與適魯，見孔子，孔子與之言道。【注】適，往也。子與說，曰：“吾鄙人也，聞子之名，不睹子之形久矣，而求知之，寶貴也。【注】子與謙言鄙人久慕夫子之聖，而未由親炙其形，故求知之，所以寶賢貴德也。乃今而後知泰山之爲高，淵海之爲大。【注】喻其道德之高深也。惜乎夫子之不逢明王，道德不加于民，而將垂寶以貽後世。”【注】歉夫子不遇知己之君，而德澤不加于時，將垂寶以貽後世乎。遂退，而謂南宮敬叔曰：“今孔子先聖之嗣，自弗父何以來，世有德讓，天所祚也。【注】言夫子出自先聖人之苗裔，世德作求，天之所佑，而昌其祚也。成湯以武德王天下，其配在文，殷宗以下，未始有也。孔子生之衰周，先典籍，【注】先王之典謨、訓誥書籍也。錯亂無紀，【注】錯雜淆亂，無所統紀。而乃論百家之遺記，考正其義，【注】百家諸子所遺記載之文，因而考究訂正其義理、文詞之得失。祖述堯舜，【注】祖述者，遠宗其道。憲章文武，【注】憲章者，近守其法。删《詩》述《書》，定《禮》理《樂》，制作《春秋》，讚明《易》道，【注】於《詩》《書》而删述之，於《禮》《樂》而訂正之，於《春秋》而制作之，於《周易》而繫明之。故使五經道備，垂訓後嗣，以爲法式，其文德著矣。【注】文德由是而彰明矣。【評】夫子删述六經，俾聖道，炳如日星，斯文賴以不墜，萬世祀祀，報德酬功之無盡焉。自生民以來，未有盛於孔子也，故曰：“天不生仲尼，萬古如長夜。”信矣！凡所誨，束修以上，三千餘人。或者天將與素王乎？【注】夫子有德而無位，曰“素王”。夫何盛也。”【注】不爲聖人，何其盛若此也。敬叔曰：“殆如吾子之言，夫物莫能兩大，吾聞聖人之後，而非繼世之統，其必有興者焉。【注】言聖人之後，必能繼世以興也。今夫子之道至矣，乃將施之無窮。雖欲辭天之祚，固未得耳。”【注】言夫子之道德極致，無以復加，乃將施澤于無窮，而天休之滋至不得辭矣。

————————

①②　“亓”，底本作“并”，三校本均作“并”。《孔子世家》索隱引《孔子家語》亦作“并”，說明原王肅本即作“并”。

③　“傅說”，殷商時期著名賢臣。他輔助武丁，形成“武丁中興”的局面，據傳死後上天變爲星辰。《莊子·大宗師》載：“傅說得之（道），以相武丁，奄有天下，乘東維，騎箕尾，而比於列星。”“甫甲”，尹吉甫，名甲，西周時期著名賢相，輔助宣王中興。尹吉甫起於五岳之官。

　　子貢聞之，以二子之言告孔子。子曰："豈若是哉？亂而治之，滯而起之，自吾志，天何與焉？"【評】子輿、敬叔二子以夫子爲天與素王，而後必有興。子貢以二子告夫子，亦意其誠。然夫子不以自信，而以志自盡。其聖人之心，其聖人之言乎？

終記解第四十三

【注】此記夫子垂終之事也。夫子之始生也，固古今貞元所開。值夫子之終卒也，亦宇宙文運之特降也。

　　孔子晨作，【注】晨蚤作起。負手曳杖，逍遥於門，而歌曰："泰山其頹乎！梁木其壞乎！【注】頹，倾也。壞，朽也。哲人其萎乎！"【注】萎，凋謝也。既歌而入，當户而坐。子貢聞之曰："泰山其頹，則吾將安仰？【注】夫子歌，入而坐。子貢聞言嘆曰："泰山，吾素瞻仰者。今其頹，吾將何所仰乎？"梁木其壞，吾將安仗？【注】梁木，吾素倚仗者。今其壞，吾將何所仗乎？哲人其萎，吾將安仿？【注】哲人，吾素仿效之者。今其萎，將何所效乎？夫子殆將病也。"遂趨而入。【注】夫子出言之不利如此，其殆將疾病乎？即趨而入見。

　　夫子嘆而言曰："賜，汝來何遲。予疇昔夢坐奠於兩楹之間。【注】疇昔，猶近夜也。兩楹之間，殷人所殯處。坐奠，於是自知其死也。夏后氏殯於東階之上，則猶在阼；【注】阼，主人之位也。殷人殯於兩楹之間，【注】兩楹，賓主相夾之位也。即與賓主夾之；周人殯於西階之上，【注】西階，賓之位也。則猶賓之。而丘也，殷人也。【注】夫子言我即殷人。夫明主不興，則天下其孰能宗余，【注】言天下無明主，①莫能宗己，傷道之不行也。余殆將死。"遂寢病，七日而終，時年七十三矣。【評】按《史記》：孔子七十四歲壬戌，周敬王四十一年，魯哀公十六年也，是年四月丁巳夜，孔子夢坐兩楹之間，而見陳奠，知其爲將亡之微也。明日戊午，孔子蚤作，有"泰山、梁木"之歌，語子貢以坐奠之夢。寢疾，七日而卒，乃四月十八日乙丑午時也。按，《左傳》作"己丑日，孔子卒"。然是年四月戊申朔，有"乙丑"，無"己丑"。蓋"己"與"乙"相近，誤書耳。

　　葬於魯城北泗水上，②二三子三年喪畢，③惟子貢廬於墓六年。自後群弟子及魯人處於墓，如家者百餘家，因名其地曰"孔里"焉。

---

①　"主"，原作"王"，爲形近而訛，據前文改。
②　"水上"，底本誤爲注釋。
③　"二三子三年喪"，底本誤爲注釋。

弟子解第四十四

【注】夫子以匹夫爲百世帝王師，當時在門下有三千徒，在堂上有七十二賢，皆學帝臣王佐于夫子也。

顏回，魯人，字子淵，少孔子三十歲。年二十九而髮白，三十一早死。【注】顏回死時，孔子年六十一歲。孔子曰："自吾有回，門人日益親。"【注】顏回爲孔子疏附之友，能使門人益親夫子。回以德行著名，孔子稱其仁焉。【評】回居德行，而以仁爲夫子稱，其聖門第一人乎！

閔損，魯人，字子騫，少孔子五十歲。①以德行著名，夫子稱其孝焉。【評】閔損之孝，其在人不間父母、昆弟之言乎。

冉耕，魯人，字伯牛，以德行著名。有惡疾，孔子曰："命也。"【評】伯牛有疾，誠天命也。

冉雍，魯人，字仲弓。伯牛之宗族，少孔子二十九歲。生於不肖之父，以德行著名。【注】孔子稱其可使南面。【評】居敬行簡，誠得南面之體乎。

宰予，魯人，字宰我，有口才，以言語著名。仕齊，爲臨菑大夫，與田常爲亂，夷其三族。孔子恥之曰："不在利病，其在宰我。"【注】或謂此"宰我"者，與"宰予"同姓名，而此書爲誤也。【評】以言語之科而罹橫禍，宜爲夫子所恥與。

端木賜，衛人，字子貢，少孔子三十一歲。有口才著名，孔子每詘其辯。家富累千金，常結駟連騎，以造原憲。【評】端木子之結連駟騎，終未離貨殖，一聞道存。憲居蒿廬蓬户之中，與之言先王之義。原憲衣弊衣冠，并日蔬食，衎然有自得之志。子貢曰："甚矣，子之病也。"原憲曰："吾聞無財者謂之貧，學道不能行者謂之病。吾貧也，非病也。"子貢慚，終身恥其言之過。【評】"貧非病"之言，宜其慚且恥與。子貢好販，與時轉貨，歷相魯、衛，而終於齊。

冉求，魯人，字子有，仲弓之宗族，少孔子二十九歲。有才藝，以政事著名。仕爲季氏宰，進則理其官職，退則受教聖師，爲性多謙退，故孔子曰："求也退，故進之。"【評】冉求雖有足民之略，然爲季氏宰，卒來鳴鼓之攻。

仲由，弁人也，字子路，一字季路，少孔子九歲。有勇力才藝，以政事著名。爲人果烈而剛直，性鄙而不達於變通。仕衛爲大夫，遇蒯瞶與其子輒爭國，子

---

① "騫""少"，漫漶不清，據黃魯曾本補。

路遂死輒難，孔子痛之，曰："自吾有由，而惡言不入於耳。"【評】子路，勇士也，然死於孔悝，①未免爲傷勇。而直言正色，不爲無益。

言偃，吳人，字子游，少孔子三十五歲。特習於禮，以文學著名，仕爲武城宰。嘗從孔子適衞，與將軍子蘭相善，使之受學於夫子。【評】子游以文學稱者，武城弦歌，其君子愛人之一驗乎？

卜商，衞人，字子夏。習於《詩》，能誦其義，以文學著名。爲人性不弘，好論精微，時人無以尚之。嘗返衞，見讀史志者，云："晉師伐秦，三豕渡河。"子夏曰："非也，己亥耳。"讀史志者問諸晉史，果曰"己亥"，於是衞以子夏爲聖。孔子卒後，教於西河之上，魏文侯師事之，而諮國政焉。【評】子夏爲學，直究精微，三豕之辨，②善讀史者也。文侯師事之，西河之化也有以哉。

顓孫師，陳人，字子張，少孔子四十八歲。爲人有容貌，資質寬冲，博接【注】接，③捷同。從容。自務居，不務立於仁義之行，孔子門人友之而弗敬。【評】子張習於容止，威儀堂堂乎，難與並爲仁矣。

曾參，南城人，字子輿，志存孝道，故孔子因之以作《孝經》。齊嘗聘，欲以爲卿，而不就，曰："吾父母老，食人之禄，則憂人之事，故吾不忍遠親而爲人役。"參後母遇之無恩，而供養不衰。及其妻以梨烝不熟，④因出之。人曰："非七出也。"參曰："梨烝，小物耳。吾欲使熟，而不用吾命，況大事乎？"遂出之，終身不娶妻。其子元請焉，告其子曰："高宗以後妻殺其子孝己，尹吉甫以後妻放伯奇，吾尚不及高宗，中不比吉甫，庸知其得免於非乎？"【評】曾子不欲以禄養，而欲以孝養，孝道也。而以烝梨出妻，得無失之刻乎？然而終身不娶，以高宗孝己爲監，其又非常人所能及矣。

澹臺滅明，武城人，字子羽，有君子之姿。孔子嘗以容貌望其才，其才不充孔子之望。然其爲人，公正無私，以取與去就，名施乎諸侯。【評】子羽有君子之姿，且能聲施諸侯，何可以貌取人耶？

高柴，齊人，高氏之別族，字子羔。長不過六尺，狀貌甚惡。爲人篤孝而有法正。少居魯，見知名於孔子之門，仕爲武城宰。【評】柴以篤孝、法正見知。柴之愚，此柴之所以爲賢也。

---

① "悝"，原作"俚"，爲形近而訛，據《史記·仲尼弟子列傳》改。
② "辨"，底本誤爲"辦"，刻工又從俗作"办"。
③ "接"，原缺，據文意補。
④ "梨"，黃魯曾本作"藜"，下"梨"字同。

宓不齊，魯人，字子賤，少孔子四十九歲。仕爲單父宰，有才智，仁愛百姓不忍欺，孔子大之。【評】子賤有君子之德，以其能取友也。

樊須，魯人，字子遲，少孔子四【注】一作三。十六歲。弱仕於季氏，孔子教之以大人之學。【評】樊須請學稼圃，不聞大人之學，不終小人乎？

有若，魯人，字子有，【注】一"子若"。少孔子三十六歲。爲人强識好道。【評】有若似聖人外貌耳。

公西赤，魯人，字子華，少孔子四十二歲。束帶立朝，閑賓主之儀。【評】赤華，國也使命增光，而君命亦不辱矣。

原憲，宋人，字子思，少孔子三十六歲。清静守節，貧而樂道。孔子爲魯司寇，原憲嘗爲孔子宰。孔子卒後，原憲退隱於衛。【評】貧而樂道，憲可謂賢矣。卒能以聖人爲依歸，宜矣哉！

公冶長，魯人，字子長。爲人能忍恥，孔子以女妻之。

南宮韜，魯人，字子容。以智自將，世清不廢，世濁不污，孔子以兄子妻之。【評】夫子之子妻長，兄子妻容。素行賢之，非徒爲免戮也。

公晳哀，齊人，字季沉。【注】一作"次"。鄙天下多仕於大夫家者，是故未嘗屈節【注】一有"爲"字。人臣。孔子特嘆賞之。【評】公晳不屈節於權門，其亦高于時賢者乎！

曾點，【注】《史記》作"蒧"。曾參父，字子晳。疾時禮教不行，欲修之，孔子善焉。《論語》所謂"浴乎沂，風乎舞雩之下"。【評】點雖狂者也，而欲修禮教，其胸次過人矣。

顔繇，【注】《史記》作"顔無繇"。顔回父，字季路，【注】《史記》作"字路"，回之父良是也。少孔子六歲。孔子始教於闕里，而受學焉。【評】顔路受學於夫子，門人中最長。

商瞿，魯人，字子木。特好《易》，孔子傳之志焉。【評】商瞿好《易》，傳之志。

漆雕開，蔡人，字子若，少孔子十一歲。習《尚書》，不樂仕。孔子曰："子之齒可以仕矣，時將過。"子若報其書曰："吾斯之未能信。"孔子悅焉。【評】開求信不求仕，誠已見大意，而聖心慰矣。

公良儒，【注】當作"孺"。陳人，字子正，賢而有勇。孔子周行，常以家車五乘從。【評】子正以家車從游，亦美矣。

秦商，魯人，【注】鄭玄曰"楚人"。字不慈，【注】按，《左》《史》皆曰"丕兹"。少孔子四歲。①其父菫父，與孔子父叔梁紇俱以力聞。【評】秦商從學，可稱世好矣。

---

① "四"，原作"四十"，《史記·仲尼弟子列傳》："秦商字子丕。"索隱引《孔子家語》："魯人，字丕慈。少孔子四歲。"據改。

顏刻，【注】《史記》作“高”。字子驕，少孔子五十歲。孔子適衛，子驕爲僕。①衛靈公與夫人南子同車出，而令宦者雍梁參乘，使孔子爲次，游過市。孔子恥之。顏刻曰：“夫子何恥之？”孔子曰：“詩云：‘覯爾新婚，以慰我心。’”乃嘆曰：“吾未見好德如好色者也。”【評】□□不知□□夫子反使之驂乘，②誠好德不如好色，難爲顏子驕言也。

司馬黎【注】一無“黎”字。耕，宋人，字子牛。牛爲人性躁，好言語。見兄桓魋行惡，牛嘗憂之。③【評】司馬牛多言而常憂懼，非君子也。

巫馬期，【注】《史記》作“施”。陳人，字子期，少孔子三十歲。孔子將近行，命從者皆持蓋，已而果雨。巫馬期問曰：“且無雲，既日出，而夫子命持雨具。【注】《史》“已而果雨”，在此句之下。④敢問何以知之？”孔子曰：“昨暮月宿畢，《詩》不云乎：‘月離于畢，俾滂沱矣！’以此知之。”【評】聖人生知，況天文實有可稽者乎！且證之于《詩》。而生知猶然以學知爲先。

梁鱣，【注】一作“鯉”。齊人，字叔魚，少孔子三十九歲。年三十未有子，欲出其妻。商瞿謂曰：“子未也。昔吾年三十八無子，吾母爲吾更取室。夫子使吾之齊，母欲請留吾。孔子曰：‘無憂也，瞿過四十，當有五丈夫。’今果然。吾恐子自晚生耳，未必妻之過。”從之，二年而有子。【評】梁鱣晚年降五子，⑤夫子何由知之？知之以素行無虧也，志誠之前知以此。

琴牢，衛人，字子開，一字子張。與宗魯友，聞宗魯死，欲弔焉。孔子弗許，曰：“非義也。”【評】如琴張者，孔子之所謂“狂者”也。

冉孺，魯人，字子魚，少孔子五十歲。

須辛，⑥魯人，字子柳，少孔子四十六歲。

伯虔，字楷，【注】一字“子祈”。少孔子五十歲。

公孫寵，【注】一作“寵”。衛人，字子石，少孔子五十三歲。

曹卹，字子循，少孔子五十歲。【評】冉孺、須辛、伯虔、公孫寵、曹卹諸人，事不可考。想其在門弟子列，亦賢矣哉！

---

① “僕”，漫漶不清，據黃魯曾本補。
② 此句四字漫漶不清。
③ “嘗”，黃魯曾本作“常”。
④ 《史記》此段內容在“有若”名下。
⑤ “梁鱣晚年降五子”，按文義，“梁鱣”當是“商瞿”。
⑥ “須”，黃魯曾本、劉祥卿本、何孟春本均作“顏”。

　　陳亢,陳人,字子亢,一字子禽,少孔子四十歲。【評】陳亢之問政,異聞之,疑不知聖也。

　　叔仲會,魯人,字子期,少孔子五十歲。與孔璇【注】《史記》作"孺"。年相比,每孺子之執筆記事於夫子,二人迭侍於左右。孟武伯見孔子而問曰:"此二孺子之幼也,於學豈能識於壯哉?"孔子曰:"然少成則若性也,習慣若自然也。"
【評】此處可以想二子之大概,而夫子之勉好學意,可知矣。

　　秦祖,字子南。【注】鄭玄曰"衛人"。

　　奚蒧,字子偕。

　　公祖兹,【注】一作"公祖句兹",魯人。字子之。

　　廉潔,字子曹。【注】《史記》作"子庸",衛人。

　　公西與,【注】《史記》作"與如"。字子上。

　　宰父黑,【注】"宰"作"罕"。字子黑。【注】《史記》作"子索"。

　　公西蒧,字子尚。【注】一作"上"。

　　穰駟赤,字子從。【注】《史記》"穰"作"襄","從"作"徒",秦人。

　　冉季,字子產,魯人。

　　石處,字里之。【注】"石",《史》作"后","里之"作"子里",齊人。

　　薛邦,字子從。【注】《史記》作"鄭國",避漢高祖諱。"鄭"字乃"薛"字之誤,今祀"鄭國"。

　　懸亶,【注】"亶"一作"豊"。字子象。

　　左郢,【注】《史記》作"左人郢"。字子行。

　　狄黑,字皙之,衛人。【注】一作"子皙"。

　　商澤,字子秀。【注】"秀",《史》作"季"。

　　任不齊,字子選,楚人。

　　榮祈,字子祺。

　　顏噲,字子聲,魯人。

　　原桃,字子籍。

　　公肩,【注】"肩"一作"有",《史記》作"公堅定"。字子仲。【注】《史》作"中"。①

　　秦非,字子之,魯人。

　　漆雕從,【注】《史》作"徒父"。字子文。

---

　　①　《史記·仲尼弟子列傳》:"公堅定,字子中。"

燕級，字子思，魯人。

公夏守，【注】"守"，《史》作"首"。字子乘，魯人。

勾井疆，衛人。【注】一作，字子疆。①

步叔乘，字子車，齊人。

石子蜀，字子明。【注】《史記》爲"石作蜀"，成紀人。

邽選，字子飲。【注】《史記》"飲"作"斂"，魯人。

施之常。【注】《史記》"字子恒"。

申續，②字子周，魯人。【注】《史記》作"申黨"，或以爲"棠"字之誤，而以"棠"爲"棖"，魯人。

樂欣，字子聲，魯人。

顏之僕，字子叔，魯人。

孔弗，字子蔑。【注】孔子兄孟皮之子。

漆雕侈，字子斂，魯人。

懸成，字子橫，【注】《史記》一作"祺"。魯人。

顏相，【注】《史記》作"祖"。字子襄，魯人。【評】此等諸徒，其生平、學術、行誼不能悉紀，然而一游聖人之門，上之雖不列于七十二賢，次之亦可稱爲三千徒弟矣。【評】夫子杏壇教澤，且將垂範萬世。況彬彬及門之士，親炙大成之化育。③其名傳之百世不朽，而其賢亦冠一時而無啓矣。故爲詳紀于末，以備參考耳。

---

① 根據前後文體例，"字子疆"可能爲原文，錯亂入注釋。注釋"一作"後面疑有缺文。
② "續"，漫漶不清，據黄魯曾本補。
③ "炙"，漫漶不清，據文意補。

附　　録

孔子家語序

王　肅

鄭氏學行五十載矣,自肅成童,始志于學,而學鄭氏學矣。然尋文責實,考其上下,義理不安,違錯者多,是以奪而易之。然世未明其款情,而謂其苟駁前師,以見異於前人。乃慨然而歎曰:予豈好難哉? 予不得已也。聖人之門,方壅不通;孔氏之路,枳棘充焉,豈得不開而辟之哉? 若無由之者,亦非予之罪也。是以撰經禮申明其義,及朝論制度,皆據所見而言。

孔子二十二世孫有孔猛者,家有其先人之書。昔相從學,頃還家,方取已來,與予所論,有若重規疊矩。昔仲尼曰:"文王既没,文不在兹乎? 天之將喪斯文也,後死者不得與於斯文。天之未喪斯文也,匡人其如予何!"言天喪斯文,故令己傳斯文於天也。今或者天未欲亂斯文,故令從予學,而予從猛得斯論,以明相與孔氏之無違也。斯皆聖人實事之論,而恐其將絶,故特爲解,以貽好事之君子。語云:"牢曰:'子云:吾不試,故藝。'"談者不知爲誰,多妄爲之説。《孔子家語》:"弟子有琴張,一名牢,字子開、子張,衛人也。宗魯死,將往弔,孔子止焉。"《春秋外傳》曰:"昔堯臨民以五。"説者曰:"堯五載一巡狩。"五載一巡狩,不得稱臨民以五也。經曰"五載一巡狩",此乃説舜之文,非説堯。孔子説論五帝,各道其異事。於舜云:"巡狩天下,五載一始。"則堯之巡狩,年數未明。周十二歲一巡,寧可言周臨民十二乎? 孔子曰:"堯以土德王天下,而色尚黄。"黄,土德;五,土之數。故曰"臨民以五",此其義也。(據黄魯曾本)

孔子家語後序

　　《孔子家語》者，皆當時公、卿、士大夫及七十二弟子之所諮訪、交相對問言語也。既而諸弟子各自記其所問焉，與《論語》《孝經》並時。弟子取其正實而切事者，別出爲《論語》，其餘則都集錄，名之曰《孔子家語》。凡所論辯疏判較歸，實自夫子本旨也。屬文下辭往往頗有浮説，煩而不要者，亦由七十二子各共敘述首尾，加之潤色，其材或有優劣，故使之然也。

　　孔子既没而微言絶，七十二弟子終而大義乖。六國之世，儒道分散，游説之士各以巧意而爲枝葉，唯孟軻、荀卿守其所習。當秦昭王時，荀卿入秦，昭王從之問儒術，荀卿以孔子之語及諸國事、七十二弟子之言，凡百餘篇與之，由此秦悉有焉。始皇之世，李斯焚書，而《孔子家語》與諸子同列，故不見滅。高祖克秦，悉斂得之，皆載於二尺竹簡，多有古文字。及呂氏專漢，取歸藏之。其後被誅亡，而《孔子家語》乃散在人間，好事者或各以意增損其言，故使同是一事而輒異辭。孝景皇帝末年，募求天下禮書，于時京師士大夫皆送官。得呂氏之所傳《孔子家語》，而與諸國事及七十子辭妄相錯雜，不可得知，以付掌書，與《曲禮》衆篇亂簡合而藏之秘府。

　　元封之時，吾仕京師，竊懼先人之典辭將遂泯滅，於是因諸公卿大夫，私以人事募求其副，悉得之。乃以事類相次，撰集爲四十四篇。又有《曾子問禮》一篇，自別屬《曾子問》，故不復錄。其諸弟子書所稱引孔子之言者，本不存乎《家語》，亦以已自有所傳也，是以皆不取也。將來君子，不可不鑑。（據劉祥卿本）

圖書在版編目(CIP)數據

孔子家語正印/(明)顧錫疇注;(明)孔貞運評;
楊潔整理.--上海:上海古籍出版社,2023.9
(漢籍合璧精華編)
ISBN 978-7-5732-0866-8

Ⅰ.①孔… Ⅱ.①顧… ②孔… ③楊… Ⅲ.①《孔子
家語》-注釋 Ⅳ.①B222.22

中國國家版本館 CIP 數據核字(2023)第 177707 號

漢籍合璧精華編

孔子家語正印

[明]顧錫疇 注
[明]孔貞運 評
楊潔 整理

上海古籍出版社出版發行
(上海市閔行區號景路 159 弄 1-5 號 A 座 5F　郵政編碼 201101)
(1) 網址：www.guji.com.cn
(2) E-mail：guji1@guji.com.cn
(3) 易文網網址：www.ewen.co
上海惠敦印務科技有限公司印刷
開本 710×1000　1/16　印張 9　插頁 3　字數 161,000
2023 年 9 月第 1 版　2023 年 9 月第 1 次印刷
ISBN 978-7-5732-0866-8

B·1342　定價：58.00 元
如有質量問題,請與承印公司聯繫